Günter von Hummel

Mit dem Tod reden

Die künstliche Intelligenz, der Tod und
das Unbewusste – drei Gesprächspartner
für die Seele.

Das Umschlagsbild der Malerin T. Heydecker aus einer Bilderserie mit dem Namen ‚Interieur' zeigt ein solches von innen und außen. Mehr ist nicht notwendig um den Tod von der Erscheinung her zu vermitteln. Doch wie es auch von der Sprache her möglich ist, ist aus diesem Buch zu erlernen.

© 2024 Günter von Hummel

Herstellung und Verlag: BoD – Books on Demand, Norderstedt

ISBN: 9783759752802

Inhaltsverzeichnis

1. Die Variationen des Todes

Was ist nicht schon alles über den Tod gesagt worden, Furchterregendes und Beschwichtigendes, Grusliges und Beschönigendes. Niemand hat allerdings auch nur annähernd Zutreffendes von ihm vermittelt. Nach wie vor ist er etwas Dunkles, etwas Nichtendes oder gar etwas geheimnisvoll Angstmachendes, und doch auch manchmal Ersehntes und Gewolltes geblieben. In einem Alten-Pflegeheim, das ich als Arzt betreute, gab es ein paar Bewohner, die sich schon mehr als fünfzehn Jahre vor ihrem letztlich eintretenden Tod dorthin begeben hatten. Sie wollten nur Ruhe haben, wollten liegen bleiben und nicht mehr aufstehen müssen, aber am liebsten wäre ihnen gewesen, wenn sie hätten sterben können. Sie glaubten, dass vom Leben nichts mehr zu erwarten sei. Sie starben nicht, aber sie lebten auch nicht, weil sie nicht wussten, dass und wie sie aus der Zeit noch etwas machen können, zum Beispiel mit dem Tod reden, um mehr Klarheit zu gewinnen und so den Rest des Lebens noch interessant und das Sterben leicht zu machen.

Freilich klingt es seltsam etwas so zu sagen, aber gerade heutzutage ist es keine Schwierigkeit mehr zu erklären, wie man mit dem Tod reden könnte. Schon der Hinweis auf die künstliche Intelligenz (KI) genügt, denn schließlich kann man mit ihr – mit ChatGPT von Open AI – reden, Fragen und Antworten austauschen, obwohl sie doch nichts anderes als ein lebloser Apparat, eine tote

Maschine ist, wie sie auf Befragung sogar selber zugibt. Sie ist genauso mausetot wie das, was die Menschen den Tod nennen, auch wenn man den Vergleich zwischen den beiden Arten des tot seins noch besser erläutern muss. Die KI wirkt im Gespräch lebendig menschlich. Denn freilich gibt es Unterschiede zum real lebenden Menschen, auf die ich noch zu Genüge eingehen will. Da es nicht nur um die Leblosigkeit geht, sondern speziell auch ums Reden und Sprechen, wende ich mich jedoch zuerst einmal der Sprachwissenschaft zu. Schließlich gelten die Sprachwissenschaftler, die Linguisten, als die Sachverständigen für den Umgang mit dem Sprechen und dem Reden.

Diese Leute werden doch erklären können, sagte ich mir, warum Totes auch sprechen kann! Als man Ureinwohnern im Amazonasgebiet Tonbänder, speziell auch solche mit ihrer eigenen Stimme, vorspielte, waren sie erschrocken und zutiefst verunsichert, dabei ist es doch klar, was da passiert: es gibt einen Tonträger, ihre Stimme war nur ausgeliehen. Doch das beruhigte sie nicht. Vielleicht ist eben auch der Tod ein Tonträger, jedenfalls halte ich ihn für so etwas Ähnliches. Die Linguisten unterscheiden allerdings als wesentliche Elemente ihrer Theorie nicht den Tonträger vom Ton und schon gar nicht vom Tod, sondern das sogenannte Signifikat (das Bezeichnete, die Bezeichnung) vom Signifikanten (dem Bezeichnenden, dem Bedeutung gebenden).

Die in der Sprache herumschwirrenden Signifikate bekommen ihr eigentliches Wesen und ihre Bedeutung von den

$$\frac{\text{Signifikant}}{\text{Signifikat}}$$

Signifikanten her, was man mit einem mathematischen Bruch (Abbildung nebenan) schreiben kann. Der Signifikant verhält sich zum Signifikat wie der Zähler zum Nenner. Die Signifikate sind nur „etwas für jemand", während der „Signifikant Zeichen des Subjekts ist", erklärte der französische Psychoanalytiker Jacques Lacan, der sich eben auch viel mit der Linguistik beschäftigte. Um mit den psychisch Kranken zu sprechen, genügte diese Unterscheidung, hinsichtlich eines Sprechens mit dem Tod allerdings nicht. Der Signifikant steht zwar im Zähler, er ist der, der im Grunde genommen zählt, auf den es ankommt, aber er wird von den simplen Signifikaten immer wieder in den Nenner, in die Plattitüden, ins Geschwätz der Vokabeln heruntergezogen, sagte Lacan, und das wirkt sich im Gespräch mit dem Tod besonders aus.

Die Nachlässigkeit beim herkömmlichen Reden zieht immer wieder die gleichen Wörter, ja den ganzen Bezeichnungsvorgang in den Nenner und macht die Worte somit zu Alltags-Gerede, zu Sprechblasen und zu Wort-Hülsen. Damit glaubt man die Sprache genügend sachlich und wort-verbindlich dingfest machen zu können, was Lacan vehement bestritt. Denn durch ihr Gerede sei die Sprache voller Missverständnisse, Ungenauigkeiten und Lügen, meinte er. Es verhält sich selbst beim normalen Sprechen schon so, dass man in einen Satz etliche Adjektive, Adverbien und andere Füllsel-Signifikate mit hinein fabrizieren muss, um sich verständlich zu machen. Die Juristen brauchen oft eine ganze Seite, um nur einen Gedanken glasklar auszudrücken, so dass an seiner Richtigkeit kein Zweifel mehr besteht, er besteht aber trotzdem.

Denn mit völliger Bestimmtheit kann man überhaupt nichts aussagen, wie der Semantiker G. Gamm schreibt.[1] Lacan hob daher heraus, dass man, will man nicht nur im rein objektiven Bereich sprachlich agieren und nur sachlich Linguistisches verwenden, sondern das Subjekt Mensch in den Mittelpunkt stellen, also das Originäre, Spontane, Phantasievolle und Unbewusste des menschlichen Subjekts besonders betonen, man sich nur auf die Signifikanten allein stützen darf. So begründet man zwar keine objektive, universitäre Wissenschaft, aber doch eine Wissenschaft v o m Subjekt, eine Subjekt-Lehre, eine aufs Subjekt bezogene Linguistik. Dadurch wird das sprachliche Kuddelmuddel allerdings noch größer, dafür jedoch authentischer, echter, wahrer, ‚subjekt-realer‘, und das ist gemeint, wenn es darum gehen soll, mit dem Tod zu reden.

Das Reden mit dem Tod dient nämlich nicht der Kommunikation, sondern der Enthüllung, der Offenlegung

---

[1] Gamm, G., Nicht nichts, Studien zu einer Semantik des Unbestimmten, Suhrkamp (2000) S. 227

der Wahrheit. Das sei, meinte Lacan, ohnehin das Wesen der Sprache. Wenn schon nichts Definitives gesagt werden kann, weil der Signifikant die Signifikate nie ganz einholt, so kann durch das Sprechen doch Originäres,

$$\frac{\text{Signifikant}_1}{\text{Signifikant}_2}$$

Wahres und so Verschleiertes wie der Tod enthüllt werden, wenn man sich nur auf das Verhältnis der Signifikanten untereinander bezieht (Abbildung nebenan). Vorlage dafür ist die Psychoanalyse, in der der Patient alles sagen soll, was ihm spontan einfällt, was er – wie es heißt – ‚frei assoziiert‘, also kuddelmuddelig daherredet. Eben gerade daraus, und nur daraus, kann der Psychoanalytiker nach Maßgabe seiner Lehre die Wahrheit deuten. Das menschliche Subjekt wird also erst durch diese Stellung zwischen mehreren Signifikanten – ohne den Schrott der Signifikate – zu dem, was es eigentlich ist, ein Wesen ‚fra due fuochi‘ (zwischen zwei Feuern, wie die Italiener sagen), zwischen Sinn und Widersinn, zwischen Wahrheit und Lüge und zwischen Leben und Tod.

Ein Tier kann Furcht vor Verletzung haben, Panik davor überwältigt zu werden, aber nicht Angst vor etwas Endgültigen, Unheimlichen, Unerklärbarem wie dem Tod. Der Mensch benötigt dazu Signifikanten, Erklärungs- und Behauptungs-Phrasen und verwickelt sich damit in Konfusionen. Aber im Hintergrund weiß er um den Tod, und dieses Wissen kann enthüllend gemacht werden, wenn man das Gewusel der Signifikanten durchdringt und dabei genau das Gegenteil tut wie es in der KI getan wird: gewalttätige oder sexuelle Inhalte, aber auch alles, was den Herstellern der KI missfällt, werden dort nämlich von sogenannten Content-Filter Personen aussortiert, während man in der Psychoanalyse darauf achtet, dass sich eben alle diese unpassenden Inhalte aus den ‚freien Assoziationen' enthüllen sollen. Was demnach die einen künstlich verleugnen und verdrängen, müssen die anderen ungekünstelt herauskitzeln und preisgeben.

Diese Kuriosität hat wohl mit dem Tod zu tun, was ich also weiter aufklären will. Aber um dem Ganzen noch einmal von einer anderen Seite her das Missverständliche und Seltsame zu nehmen: mit dem Tod reden heißt auch, in einer bestimmten Weise mit dem in einem selbst Unbewussten, Toten, aber Sprachfähigem sich auszutauschen. Mit sich selbst also in einem besonderem, das Unbewusste einschließenden Sprechen umzugehen, anders gesagt, eine Art Selbstgespräch zu führen. Denn wenn das mit der Sprache im Äußeren nur so beschwerlich funktioniert, so dass die KI-Inhalte sanktionieren muss, die die Psychoanalyse für besonders essentiell hält, sollte man sich ins eigene Innere wenden. Nicht ans eigene Ich, sondern ans sprachlich verfasste Unbewusste und Verschlüsselte, ans *Andere* (erneut ein Begriff Lacans), für dessen Öffnung man natürlich ein Instrument braucht, zu dem es noch weitere Erklärungen geben wird.

Jedenfalls handelt es sich um exakt das, was meine oben genannten Patienten nicht kannten. Sie dachten, wenn ihnen beim Sterben jemand die Hand hält, sind sie nicht allein. Oder sie waren ganz vernarrt in den Glauben an ein Weiterleben nach dem Tod. Aber die haltende Hand wird in der regressiven Bewegung des Sterbens schon bald nicht mehr gespürt, und auch von dem im Großhirn festsitzenden Glauben zieht sich der Geist als erstes zurück. In beiden Fällen wird man allein bei sich zurückgelassen, und deswegen – weil die Signifikanten in den basalen Gehirnabschnitten, das heißt im Unbewussten, das Primäre sind – ist ein Selbstgespräch mit dem unbewusst *Anderen* in einem selbst noch das Beste, was einem bleibt. Wie gesagt handelt es sich nicht um das, was man üblich unter Selbstgespräch versteht, sondern um eine Art Meditation, um einen kontemplativen Austausch mit dem *Anderen*, mit einer in einem selbst nicht künstlich, sondern symbolisch kreierten Intelligenz, die aber dennoch wie die künstliche Intelligenz eine Verwandtschaft mit dem Tod hat.

Meine Patienten realisierten nicht, dass sie grundsätzlich im Wort-Wirkenden, im Sprechen mittels der Signifikanten, in diesem Tohuwabohu der Bedeutungen fest eingeschlossen sind, und man sich von daher nur befreien kann, wenn man ins eigene Innere geht. Ins Innere, wo – wie der Philosoph M. Heidegger schrieb – die „Sprache selber spricht",[2] oder wo ‚Es‘, das von Freud

---

[2] Heidegger, M., Unterwegs zur Sprache, Neske (1959)

als ‚Es' und von Lacan eben als *l'Autre,* als *Anderes* bezeichnete, sich sprachlich äußert, sich schafft, sich offenbart. Signifikate, das alltägliche Bla Bla, kann kein Gespräch mit dem Tod erzeugen, das Subjekt in seinem ihm selbst oft fremden Streben, Begehren, unbewussten Wünschen, etc. muss genuin mit dabei sein.

Wenn ich von Offenbarung rede, muss man sich also dieses Knäuel, diesen Knoten der Signifikanten fast noch mehr als nur etwas Subjektives vorstellen. Es ist ein Gewebe aus Signifikanten, etwas Bedeutungs- und Buchstaben-Überlappendes, Zusammengestückeltes und doch „Objekthaftes" – wie Lacan betont – und in diesem Feld wird auch der Tod greifbar, sprachfähig, linguistisch fassbar und in seinem Wesen enthüllbar und verständlich. Ein sprachliches Gewebe muss nichts Materielles sein, aber auch nichts Eingebildetes, nur Vorgestelltes, es kann substanziell sein, wie beispielsweise bei Homer. Er schreibt zwar nicht vom Gewebe, oft aber vom „Gehege der Zähne", dem Worte der Kraft entfliehen, und die, im Gegensatz zum ungeflügelten Sprechen „geflügelt" seien, also Substanz, ein Netz, einen Stoff haben. Der Stoff, aus dem der Tod ist, hängt auch mit der unbewussten Seele, mit dem *Anderen* im Unbewussten zusammen.

Dieses Substanzielle, Gewebeartige, haftet also auch dem Tod an. Die meisten Menschen haben keine Angst vor dem Tod, wohl aber vor dem Sterben, das man allerdings heutzutage in vieler Hinsicht etwas erleichtern kann. Direkt herbeiführen lässt sich das Sterben nur unter den gesetzlich geregelten Umständen, was sehr selten genutzt wird, jedenfalls habe ich in den 45 Jahren meiner ärztlichen Tätigkeit keinen solchen Fall erlebt. Einige Male wurde der Wunsch nach einer Beendigung des Lebens an mich herangetragen, aber ich konnte immer eine für beide Seiten, Arzt und Patient, so halb befriedigende Lösung finden. Einmal gab ich jemanden eine Spritze mit dem Tranquilizer Diazepam, er schlief ein und wachte nicht mehr auf – doch starb er erst nach drei Tagen, da konnte das Diazepam gar nicht mehr gewirkt haben. Er hatte also auch so, ohne das Medikament, in Ruhe zu Ende schlafen können, aber nur ein bisschen früher damit angefangen.

Nun sind das alles Äußerlichkeiten, mir geht es in diesem Buch mehr um das Innerliche, das Unbewusste, das gelegentlich auch Phantasmatische, und daher zurück zum selbstanalytischen Gespräch als einer Methode, sich mit dem Tod auszutauschen. Die klassische Psychoanalyse orientiert sich an den sogenannten Objekt-Beziehungen, also unbewussten psychischen Elementen und Verfassungen, welche mit den erogenen Zonen am Körper zu tun haben, die noch aus der Kindheit stammen. Damit erreicht sie eben das vorhin erwähnte „Objekthafte", auf das sich der Therapeut mit dem Patienten verständigen kann. So hat zum Beispiel das ‚Oral-

Objekt' Bezug zur Brust der Mutter und zur eigenen Mund Zone, wofür als exemplarischer Fall selbst noch im Erwachsenen Alter der Gourmet gelten kann. Wie ein Objekt hängen an seinen Lippen und Gaumen das ‚amuse geule' und all die Delikatessen, von denen er nicht lassen kann. Auch in anderen Beziehungen, in denen ein derartiges Assimilierungs- oder Verschmel-zungs-Begehren vorherrscht, wie es der Wunsch nach der Vereinigungslust von Mund und Brust oder der fein-schmeckerische Gaumenkitzel darstellt, spricht man von Zuständen und Trieben und den Beziehungen zu diesen ‚Objekten'.

Wenn der Psychoanalytiker lange nur zuhört und nichts sagt, entsteht beim Patienten oft schnell solch ein Assi-milationswunsch, wie er auch bei üblichen Gesprächen in einer mittelgroßen Gruppe auftreten kann, wenn alle aus Verlegenheit oder sonstigen Gründen abgründig schweigen. Man wünscht dann ein Einheits-Gefühl, einen Assimilierungs-Zustand in der Gruppe. Es soll einer etwas sagen und nicht gähnende Leere herrschen. In der Therapie spricht der Patient in einem derartigen Fall aus Verlegenheit irgendetwas aus, vielleicht sogar diese Empfindung selbst, und der Therapeut kann deu-ten, dass er sich jetzt wie die Mutter vorkommt und dass das Oral-Objekt auf ihn übertragen wurde. Was war in der Kindheit geschehen, was gibt es da für Erinnerun-gen, die diesbezüglich im Unbewussten geweckt wer-den? Was ist da substanziell?

Bei dem Assimilierungs-Begehren geht es nicht um Instinkte, also biologische Triebe, sondern um solche, die – wie Lacan sagte – unter dem Drängen des Todes stehen, gerade oft dann, wenn sie als das Lebendigste gelten. Eben dies zeigt ja der Gourmet, dem sein lukullischer Spaß gegönnt sein soll, der aber dennoch auf der Suche nach immer weiter gesteigerten Genüssen der bekannten Qual der Wahl nicht auskommen wird. Seine Sucht wie sein wenig gesundes Verhalten bringen ihn dem Tod näher, aber meistens ist schuld, dass kein Wort die Sache klärt, sondern im Gegenteil solche wie Gaumenfreude, 3-Sterne-Koch, Luxus-Restaurant, Leckerbissen, Hochgenuss, sie noch weiter und weiter verfestigt.

Schon der Philosoph G. F. W. Hegel sagte, dass das Wort, das Symbol, Mord an der Sache sei, der Tod des puren Seis, des Erscheinungs-Wirkenden, wie ich es auch nenne. Die genannten Worte, von mir auch Wort-Wirkendes genannt, verderben also das gute Essen des Gourmets, ein Statement, dem Lacan hinzufügte, dass es dieser gewaltsame durch das Wort verursachte psychische Tod ist, der im menschlichen Subjekt die Verewigung seines Begehrens erst richtig weckt.[3] Man ist nicht nur einmal Gourmet, man bleibt es ewig, weil das Wort und das Raunen aus alten Zeiten die eigentliche, dahinter liegende Sache umbringt, die – auch das muss man erwähnen – mit der Mutter und mit dem Assimilie-

---

[3] Lacan, J., Ècrits, Le Seuil (1966) S. 319

rungswunsch zu tun hat, anstatt dass sie diesen geklärt, analysiert und lösen würde.

Es klingt nach einem grundlegenden Verhängnis, nach einem durch die Sprache, durch die symbolische Ordnung bedingtem unfreundlichen Schicksal, und dass die Sprache so zu betörenden, täuschenden, verschleiernden und lügnerischen Funktionen gebracht und gebraucht wird. Doch ganz so schlimm ist es nicht, denn wie ja schon gleich anfangs erörtert, ist die Sprache, das Gespräch, das Selbstanalytische, doch auch der Ausweg aus der durch den Tod an der Sache herbeigeredeten Misere. Von der Psychoanalyse her gesehen liegt das Problem weniger darin, dass mit zu vielen und zu heftigen Worten ein Mord an der Sache stattfindet, sondern dass mit den Objekt-Beziehungen, mit den von den Körperzogen ausgehenden Trieben, nicht das ganze Psychische in Worten erfasst werden kann und somit nicht alles der Behandlung zugänglich ist. Das Oral-Objekt ist nicht alles, man nennt es ein Teil-Objekt, stets bleibt etwas übrig.

Vieles nämlich, das nicht so objekthaft im psychisch Unbewussten repräsentiert ist, ist für den Psychoanalytiker nicht erreichbar, ist also keiner Behandlung und keiner Deutung zugänglich. Schon Freud versuchte das Problem zu umgehen und es durch einigermaßen passende Konstruktionen, also intuitiv zu ersetzen, die seinem Wissenschaftsanspruch dann jedoch nicht mehr gerecht waren. Könnte es nicht am Tod liegen, dass es so schwer zu deuten ist? Normalerweise gilt das Ich als Widerstands-Ort im Unbewussten gegen die Enthüllung der Wahrheit. Wer will schon alles offenlegen und preisgeben. Aber Freud erwähnte auch den sogenannten Es-Widerstand, also eine Hemmung aus dem triebnäheren ‚Es', dem direkten Unbewussten selbst. Schon im Primären der Triebe, im Bereich des noch völlig ungesteuerten Begehrens, gibt es Reibereien und gegenseitige Blockaden, die Widerstände hervorrufen. Könnte das nicht der Tod sein, ist er nicht selbst der Es-Widerstand, der nicht in der herkömmlichen Weise zu deuten ist? Aber er hat auch Signifikanten-Struktur, man muss ihn von daher nicht direkt angehen, ansprechen und anrufen können?

Freud selbst sprach ja auch vom Todestrieb, den er dem Eros-Lebenstrieb entgegenstellte. In diesem Sinne könnte der Tod also ein Gegentrieb sein, der sich nicht nur den Eros-Lebenstrieben, sondern auch deren ‚Objekten' entgegensetzt und so deren Offenlegung und Deutung verhindert. Besonders deutlich wird dieses Problem auch bei ‚Blick' und ‚Stimme', die ebenfalls als psychische Objekte aufgefasst werden können, in denen das Schau- und Sprech-Begehren, die Blick- und die Verlautungs-Lust, zum Zug kommt. Es geht wiederum nicht ums Biologische, sondern um den Signifikanten-Bezug. Der Blick ist selbst die Schaulust, die Helligkeit, das Bild seiner selbst, und so durch seinen Überschuss an Visionärem seine eigene Blockade.

Diese Objekte ins Therapeutische einzubinden ist eben besonders schwierig, bei ihnen ist Trieb und Objekt so eng verbunden, so dass sie bereits aus sich selbst heraus nicht in den Griff zu bekommen sind. Tausendfach verwickeln sich diese Objekte der Lust von Blick und Stimme ins Beziehungsgeschehen von Menschen untereinander und zu Dingen zwischen ihnen, was ich also gerade als Selbstblockade bezeichnet habe. Das gleiche gilt für die Stimme, die, wenn sie nur gelispelt und nicht deutlich, ohne Blockade und auch definitiv sachbezogen zum Ausdruck kommt, keine Wirkung hat. Nicht nur die Wirkung nach außen ist das Problem, diese beiden psychischen, und das heißt in Bezug auf das Subjekt sich entfaltenden Objekte haben ihre je eigenen Innen-Verwicklungen.

Manchmal kommt die Schaulust nur im Voyeur oder im Exhibitionisten zur Geltung, und die Sprechlust nur beim Wichtigtuer oder Volksredner – bei letzterem allerdings häufiger, vielleicht sogar bei jedem zweiten. Alles blickt und brabbelt, liebäugelt und palavert über die Dinge und auch den Tod hinweg. Man kümmert sich nicht um ihn und kann ihn nicht in jedes Bild und jeden Dialog bewusst mit einbeziehen, obwohl er unbewusst bereits einbezogen ist, was ich wohl genug angedeutet habe. Aber man kann ihn durch ein eigenes Verfahren, durch eine meditativ-psychoanalytische Methode, die ich also in diesem Buch vorstellen will, aus dieser Einbezogenheit herausholen und ins allgemeine Leben doch wenigstens durch ein Selbstgespräch im Unbewussten integrieren.

Schon jetzt kann ich sagen, dass wegen dieser Komplexität ein Gespräch mit dem Tod sehr hilfreich sein könnte. Wenn Jesus am Kreuz ausrief: „Mein Gott, warum hast du mich verlassen", betraf dies den enormen Verlust des Aufbaus seiner Lehre, des Reichhaltigen seiner Ideen, der Vielschichtigkeit seiner Gefühle und Taten, kurz: das große Phantasma und Virtuelle der in seinem Inneren kreierten Visionen und göttlichen Programmatiken. Er hat in diesem Moment nicht mit dem Tod gesprochen, oder doch? Gott war für ihn eng mit der Vater-Metapher verbunden, und der Vater, selbst der Vater als solcher, lebt wohl nicht ewig, ist aber vielleicht dennoch so verbindlich, so weitertragend und symbol-wirkend, dass man in seinem Namen sprechen kann. Es ist ein Sprechen in nomine patris, wie man früher sagte, warum sollte es nicht auch eins in nomine mortis geben, vielleicht ist das sogar dasselbe. Für den Zweck, den ich hier verfolge, kann man wohl so sagen.

Dieser im Unbewussten hoch aufgerichtete Vater hat Jesus tatsächlich verlassen, aber letztendlich hat sein Phantasma, dass der väterliche Gott ihn dem Tod anheim gab, auch für ihn selbst nicht so endgültig und abweisend geklungen. Schließlich war dessen Vision, dessen Widerhall, dessen phantomschmerz-artiger, virtueller *Anderer* noch da, wie es ja auch bei körperlichen Verletzungen der Fall ist, wo die verlorene Gliedmaße immer noch weh tut. Und zu diesem *Anderen* konnte Jesus noch sagen, dass er ihm trotzdem vertraut und „seinen Geist in dessen Hände legt". Freud behauptete, dass Gott auch schon vorher ein toter Vater gewesen sei, was er mit einem durch die Nachkommen verursachten Mord erklärte, aber im Falle von Jesus ist es naheliegender, den Gott mit einem woanders lebenden Vater zu interpretieren, phantasmagorisch, phantomatisch, virtuell, weil er doch ohne einen leibhaften Vater hat aufwachsen müssen.

Das heißt, dass er sich diesen hat erschaffen müssen. Umgekehrt wie Freud es sagte, hat er ihn so perfekt erschaffen, dass er als lebend erschien. Doch Freud meinte, dass er als Toter, viel mehr Wirkung hatte, als wenn er unter den Lebenden geweilt hätte. Doch nun existiert dieses Zwischenstadium, wo er als *Anderer* ‚lebt' und ansprechbar ist.[4] Dieser Kampf um die Wahrheit der metaphorischen Vaterfigur hat wohl tatsächlich – nicht nur bei Jesus – viel mehr Lebenskräfte und Todesüberwindung freigesetzt, als wenn er so wie heute als netter Papa vor seinem Söhnchen hergelaufen wäre. Deswegen hat man immer mit ihm als diesem *Anderen*, diesem toten Vater, dieser transzendenten Intelligenz

---

[4] Ich bezeichne als Leben nicht nur das biologische Leben, sondern auch das programmatische, neuro-psychische, komplex intelligente als unbewusst *Andere(s)(r)*, das Mystiker bildhaft erfahren konnten, mit dem man heute besser, nämlich wissenschaftlich gestützt, reden kann.

geredet. Wie hat das genau funktioniert? Kann man das nicht noch besser konkretisieren?

Ich lasse die Frage vorerst offen und versuche sie weiter über den Begriff des Unbewussten im Vergleich zur KI und zum Tod anzugehen. Lacan hatte das Freud'sche Konzept des Eros-Lebens- und des Todes-Triebs ein bisschen umformuliert. Den ersten fasste er als den Trieb etwas erscheinen zu lassen, das Begehren zu schauen, mehr oder weniger also als das vorhin genannte Blick-Objekt, als den Schau-Trieb. Den Todestrieb aber setzte er in die Nähe des Invokations- (Anrufungs-) oder Sprech-Triebs, des ebenfalls vorhin genannten Stimm-Objekts. Verkürzt heißt dies, dass die Menschen mit dem Sprechen zwar große Fortschritte gemacht haben, sich aber, wie schon eingangs angedeutet, ständig missverstehen, falsch kommunizieren, belügen und die Worte ständig um drei Ecken herumbiegen, so dass nur Täuschung, Fehlverhalten, Wort-Rätsel und Widersprüche entstehen, was tödlich ist.

Ein direkter und alleiniger Zugang mittel des Erscheinungs-Wirkenden, des puren Seins, ist auf andere Weise problematisch, denn wenn einen Worte, speziell solche aus dem Unbewussten, nicht so schnell überfluten, Bilder können solch eine Inflation des Unbewussten in heftigster Weise erzeugen. Das folgende Schema soll die differenten Begriffe einander gegenüberstellen. So

Wort-Wirkendes	Erscheinungs-Wirkendes
Tod	Leben
Signifikant	Signifikat
Stimme	Blick

geschrieben sind sie nämlich miteinander meist unvereinbar, und deswegen kommt es gar nicht darauf an, sie einzeln, isoliert, unabhängig zu schildern. Für das Sprechen mit dem Tod wird es darauf ankommen, ihre Verbindungen, Kombinationen, Zusammen-Wirkungen genauer zu untersuchen. Etliche Überschneidungen der beiden Seiten habe ich schon angesprochen. So beispielsweise im Begriff des psychischen Objekts und der Objektbeziehungen.

Aber auch der und das *Andere* beinhalten den wortwirkenden *Anderen* und das erscheinungs-wirkende *Andere*. In Lacans Französischem wird nur von *l'Autre* gesprochen, dem umfassend *Anderen*. Doch wie schon bei der KI angedeutet, empfindet man das Sprechen selbst der toten Maschine als menschlich, während das von mir anvisierte unbewusste Selbstgespräch eher als das *Andere* erfahren wird. Doch dann vermischen sie sich wieder, und zwar in einem Sprachmodell, das mir genau mittels dieses Redens mit dem Tod eingefallen ist, und das ich hier darstellen will

2. Lebens- und Todestrieb

Lacan hat dieses Tödliche also von der Sprache, und zwar von der Sprache der Freud'schen ‚Sexualtheorie' her abgeleitet. Der Sex ist nämlich nur scheinbar eine wirkliche Beziehung unter den Menschen, sagte er, was besonders deutlich wird, wenn man seine Beziehung zum Tod betrachtet. Die Sexualität hinkt in der Liebe nämlich stets einer befriedigenden Erfüllung hinterher. Schon Freud meinte, dass sie mit der „allgemeinsten Erniedrigung des Liebenslebens" einhergehe, und zwar nicht, weil sie so negativ und schrecklich sei, sondern weil das Objekt dieser Beziehung, das Sexualobjekt – wie die Psychoanalytiker schnöde zum Liebespartner sagen – erniedrigt werden müsse, um dem Geschehen überhaupt gerecht zu werden. Lacan setzte noch eins drauf und konstatierte, dass der sexuelle Akt einer psychischen Fehlleistung gleiche, einem Danebengehen, einem Patzer, einem Pfusch. Der Mann ejakuliere immer am Höhepunkt seiner Angst, anstatt dass er die Beziehung zu einem Höhepunkt bringt verursacht er einen ‚kleinen Tod'.

Es handelt sich um die menschliche Grund-Angst nicht weiter zu wissen und zu merken, dass einem die Beziehung entgleitet. Das erlebt schon das Kleinkind mit seiner Mutter. Wenn da nicht der Tod mit hereinspielt! Unmöglich kann die Mutter der perfekte Partner für das Kind sein, spielt doch in ihre Beziehung zum Kind ihre zum Vater mit herein, weil der Vater seine Leidenschaft, seine Liebe und den Sex bei ihr in Kommission gegeben hat. Sie muss das alles kommissarisch verwalten, das heißt Aufsichtsgremium, Preisrichterin und Jurorenkomitee in einem für alle zu sein, was auch ein Sterbensberuf ist. Der Vater besitzt nicht die direkte Körperberührtheits-Dimension, die Nabelschnurbeziehung, die die Mutter zum Kind hat. Im Gegenteil, sein „männlicher Sex besitzt stets eine Schwäche hinsichtlich der Perversion", meinte Lacan des Weiteren zu diesem Thema.

Und das bedeutet wiederum, dass er hinsichtlich der zu direkten Triebe und der damit verbundenen sozialen Nichtung, des gesellschaftlichen, aber auch elementaren Todes, eine Priorität besitzt.[5] Nun verstehen die meisten Männer, den perversen Anteil am Sex im allgemeinen Leben in Schach zu halten oder ihr nur im Geheimen (in Pornographie zum Beispiel) zu frönen, was zwar nicht weniger eine Art von Selbstverbannung aus dem gemeinschaftlichen Diskurs ist, eine Art von paranoiden Selbstmord darstellt, einen wackligen Kompromiss. Beim analytischen Therapeuten kann man dann offen davon reden, was die einzige Möglichkeit ist (freilich neben dem selbsttherapeutischen Verfahren, das ich hier darstellen will) mit seinem Begehren und sich und seinen Beziehungen klar zu kommen.

---

[5] Lacan, J., Ècrits, Le Seuil (1966) S. 823

So gesehen muss man konstatieren, das eine perverse Neigung, auch wenn sie nur in der Phantasie zum Tragen kommt, mit dem Tod schwanger geht, wenn ich das so überzogen und süffisant ausdrücken darf. Diese Schwangerschaft ist unabhängig von allen heute legitimierten sexuellen Orientierungen, denn ihr Fetus ist ebenso dem Tod nahe. Lacan nannte den Tod wohl auch deswegen den absoluten Herrn, der gewissermaßen eine totale Herrschaft ausübt und stets das letzte Wort hat, weil nicht ums Thema herumgesprochen wird, sondern direkt, aber meist daneben. Dieses apodiktische Reden, den Lacan den Herren-Diskurs nannte, spielt in seiner Lehre eine entscheidende Rolle. Er ging davon aus, dass der Anfang der Sprache mit der Wiederholung von heftig geäußerten Lautfolgen erfolgt ist, wobei der Betreffende sich damit zum Herrn aufplusterte. „Ich Herr, du Freitag" sagte Robinson Crusoe zu dem Indianer, der an einem Freitag versehentlich auf seine Insel kam. „Ich Herr", diese Signifikat-Signifikanten Mischung genügte, um die bestimmende, apodiktische Art des Diskurses, also der Art sich effektvollst auszudrücken, in die Welt zu setzen. Die ersten Worte der Menschen hatten eine Art von Befehlscharakter, vom Imperativ, heißt es.

Nun sagt der Tod nicht ‚ich‘, er spricht überhaupt nicht in üblicher Form, nicht dezidiert jedenfalls, aber so wie die ersten Worte des Menschen kommandoartig waren, genügt beim Tod auch schon eine Geste oder ein Laut, um diesen imperativen Zug in seinem Wesen deutlich zu machen. Trotzdem wehre ich mich gegen die These vom Tod als absoluten Herrn, die ja nach unkommunikativer, kalter und weniger nach absoluter, als nach absolutistischer Manier klingt. Eher ist der Tod doch als das absolute Pendant zum Leben zu verstehen, so wie alles Sein, alle Existenz, nur vor dem Hintergrund der Nicht-Existenz zu begreifen ist. Diesen Zwiespalt, diese Spannung oder Kluft zwischen Sein und Nichtsein hat nicht nur Hamlet stark bewegt, als er einen Totenschädel in seinen Händen wog. Die Menschen haben ihn seit jeher einfach mit G, o und doppelt t überbrückt, ohne zu wissen, wer oder was das ist. Ja, es wurde ihnen sogar strikt verboten, das zu wissen, bzw. vom Baum der Erkenntnis zu essen, denn sonst würden sie sterblich sein, würde also der Tod zugreifen. Warum? Weil sie mit ihm nicht echt sprechen konnten? Zumindest haben sie nicht gewusst, wie das gehen könnte.

Nun ja, es klingt zu kurios. Ursprünglich hatte ich als Untertitel dieses Buches den Satz gewählt: ‚Gott, der Tod und der/das unbewusst *Andere*', doch schnell wurde mir klar, dass ich Gott hier nicht mit hereinnehmen kann. Er ist zu bekannt, jeder hat eine andere Vorstellung von ihm, und Streit um sein Wesen gibt es auch noch genügend. Ich zitiere in diesem Zusammenhang immer gerne den Spruch des urkatholischen Religionsphilosophen R. Spaemann, der sagte, Gott sei ein unsterbliches Gerücht. Das ist nicht negativ gemeint, im Gegenteil, das lässt verstehen, warum Gott unendlich, ewig und allmächtig ist. Denn ein Gerücht, das nie zu Ende kommt, wird alles beinhalten, was es zu sagen gibt, auch wenn es durcheinander, scheinbar widersprechend und oft unverständlich ist. Die Allmacht kommt daher, dass das Gerücht von ihm nur hinter vorgehaltener Hand getuschelt wird, weil es um etwas Besonderes und Geheimnisvolles geht, das man nicht vorlaut verkünden kann, so mächtig ist es.

Ich werde mich also nicht viel um die Religionen kümmern, die behaupten, es gäbe ein Weiterleben nach dem Tod, das besser ist als das Leben davor, es sei denn, man hat ihre Regeln nicht befolgt oder vom Baum der Erkenntnis gegessen. Ich will wenigstens ein bisschen davon essen und mich an wissenschaftliche Vorgaben halten, vor allem an die Thesen Lacans, der im Gegensatz zu Sigmund Freud kein Atheist war, aber er war auch nicht von irgend einem Glauben voll überzeugt. Auf die Frage nämlich, ob es einen den Menschen nahen Gott gäbe, meinte er einmal: „Selbstverständlich greift Gott in das Leben der Menschen ein, zum Beispiel in Form einer Frau. Die Pfaffen und die Frauen können die schlimmsten Plagegeister sein."

Das klang freilich etwas misogyn und sarkastisch, dabei war er selbst ein – wenn auch im Wissenschaftsbereich gehobener – Plagegeist, denn die wenigsten seiner Zuhörer haben ihn ausreichend verstanden, obwohl er heute als einer der renommiertesten Psychoanalytiker gilt, der im Gegensatz zu vielen anderen auch zum Tod Profundes zu sagen hatte. So reklamierte Lacan für sich, dass ihm „die Versöhnung der zwei Seiten des Triebs [also der beiden genannten Grundkräfte] gelungen sei – der einerseits die Sexualität im Unbewussten präsent hält und andererseits wesentlich den Tod repräsentiert".[6] Es ist das psychisch Nicht-Repräsentierte, das unverständliche Unbewusste, das den Tod beherbergt. Es ist nicht nur verdrängt, sondern psychisch abgespalten und so demnach für den Therapeuten nicht zugänglich.

Ich will also keine großen Erklärungen zur Religion abgeben und auch nicht zu den alten Griechen, die schon relativ weit waren, was die Seelenkunde, den Tod und göttliche Unsterblichkeit angeht. Sie meinten, nur die Seele in Gänze, nicht die des einzelnen Ichs, sei unsterblich, eben das sei das universelle Gesetz. Das Sokratische ‚Psyche pasa athanaton' hat man mit ‚Jede Seele ist unsterblich' wiedergegeben. Aber ‚pan', ‚pasa' heißt auch ‚ganz', ‚alles' ‚in Gänze'. Als hypothetisch Ganzes ist die Seele unsterblich. Bei den alten Griechen gab es keine individuelle Seele. Die Seele war etwas Übergeordnetes wie bei den Buddhisten, die vom seelisch Guten als dem ‚Überselbst' sprechen, um das Wort Gott zu vermeiden und keine Ideologie zuzulassen.

Umgekehrt wie bei Spaemanns Gerücht, das nur getuschelt wird, ist man beim Tod vorlaut, sagt aber trotz-

---

[6] Lacan, J., Seminar XI, Die vier Grundlagen der Psychoanalyse, Walter Verlag (1980) S. 209

dem nichts wirklich Plausibles, Wahres, Zutreffendes, aus dem weitere Schlüsse gezogen werden könnten. Was sollte man auch Definitives behaupten, keiner erlebt den Tod unmittelbar, keiner ist davon zurückgekehrt, obwohl es so schöne Geschichten davon gibt. Es gibt aber auch vereinzelt originelle und moderne Statements zum Thema Tod, so zum Beispiel vom Philosophen Byung-Chul Han, der meint, dass der Tod großen Zulauf hat, weil er den Produktions- und Wachstumszwang der modernen Kapital-Wirtschaft hervorbringt, und umgekehrt diese ihn wieder fördern würde.[7]

Der Kapitalismus würde den Tod negieren, er würde ihn durch blinde Akkumulation von Waren verschleiern und verdrängen, was sich letztlich destruktiv auf die menschliche Seele auswirke. „Was wir heute Wachstum nennen, ist in Wirklichkeit ein karzinomatöses, zielloses Wuchern . . . es mutet wie ein Todesrausch an . . . und täuscht eine Vitalität vor, die das Nahen einer tödlichen Katastrophe verdeckt . . . und immer mehr einer Destruktion gleicht", einem Destruktionstrieb. Das im Todesrausch wuchernde System würde also völlig den eigentlichen Tod als solchen verleugnen, meint B.-C. Han.

Seiner Meinung nach darf der Tod nicht weggeschoben, nicht vom Alltagsgeschehen abgetrennt werden, er muss

---

[7] Han, B.-C., Kapitalismus und Todestrieb, Mathes & Seitz (2022) S. 7-25

vielmehr voll und konstruktiv ins Leben integriert sein. Denn sonst würde nur „untotes Leben entstehen – Leistungs-, Fitness- oder Botox-Zombies sind Erscheinungen dieses untoten Lebens". Und weiter: „Dem Untoten fehlt jede Lebendigkeit. Wirklich lebendig ist nur das Leben, das den Tod in sich aufnimmt". Heutzutage „werden Lebensprozesse in maschinelle Vorgänge umgewandelt. Die totale Anpassung des menschlichen Lebens an die Funktion ist bereits eine Kultur des Todes" (man muss dazu sagen: dieses entarteten Todes). „Das Leistungsprinzip nähert den Menschen der Maschine an und entfremdet ihn von sich selbst".

Und weiter: „Dataismus und künstliche Intelligenz verdinglichen selbst das Denken. Aus Denken wird Rechnen. Lebendige Erinnerungen werden durch maschinelles Gedächtnis ersetzt. Nur die Toten erinnern sich an alles. Serverfarmen sind ein Ort des Todes. Wir begraben uns lebendig, um zu überleben. . . Das Leben bejahen heißt auch den Tod bejahen. Das Leben, das den Tod verneint, verneint auch sich selbst. Allein die Lebensform, die den Tod dem Leben zurückgibt, befreit uns aus dem Paradox des untoten Lebens: Wir sind zu lebendig, um zu sterben und zu tot, um leben zu können", was vielleicht ein bisschen zu pauschal klingt, aber differenziert ausgedrückt heißen könnte: zu lebendig im Konsum, im Großspurigen und in den alltäglichen Betäubungen, zu tot, um beseligt nach innen zu gehen.

Ähnlich und doch auch anders hat schon S. Freud mit dem Begriff des Todestriebs argumentiert, den er ebenfalls Destruktionstrieb nannte. Er sah das Leblose, das Anorganische als das früher Gegebene an, zu dem das sich später entwickelte Leben automatisch wieder zurückkehren muss. „Das Ziel allen Lebens ist der Tod", schrieb Freud, was deutlich pessimistisch klang.[8] Denn warum sollte das Anorganische der Tod sein? Nur weil es starrer und nicht so beweglich herumtollt? Nur weil es sich nicht sexuell fortpflanzt? In einem Fußboden aus Solnhofer Platten, bilden sich ständig – im Laufe von Monaten, manchmal nur von Wochen – kleine Auswüchse verschiedenster Art und Farbe, sowie minimale Erhebungen, Rillen und Wölbungen aus, die deutlich anzeigen, dass der Stein, das total Anorganische, lebt. Es ist auf keinen Fall völlig tot. Eine ganze Reihe von kritischen Autoren, wie etwa J. Bennett von der John Hopkins Universität in Baltimor, beschreiben noch viel eindrucksvollere Beispiele solch lebender Materie.[9] Lebend wirkender Materie? Oder doch nicht eher sprechender Materie?

Exakt darin nämlich, dass der Mensch nicht mit dem anorganischen Leben das Phänomen des Todes teilt, sondern sich diesen überzogenen, teils abstrusen, teils verständnislosen Geschichten hinsichtlich des Todes

---

[8] Freud, S., Jenseits des Lustprinzips, Studienausgabe, Bd. 3 (1989) S. 248
[9] Bennett, J., Lebhafte Materie, Mathes & Seitz (2020)

hingibt, entwickelt er ständig Todesphantasien und weiß nicht wo die Grenze zwischen Leben und Tod in der organisch/anorganischen Natur eigentlich liegt. Weil man beispielsweise nicht in der Lage ist, einmal unbeweglich und ruhig dazusitzen, oder ‚frei assoziativ' auf der Couch des Psychoanalytikers zu liegen oder – wie von mir favorisiert – wenigstens zeitweise zu meditieren, sich also wach hinzusetzen, den Körper wie starr und taub (wie gefühllos) zu machen und sich nach innen zu wenden, kann man nicht nachempfinden, dass das intensivste Leben genau in dieser Zurücknahme, in dieser meditativen Selbstbeschränkung und Todesnähe zur eigentlichen Entfaltung kommt. Es zeigt sich doch darin offen, was man zum Leben wirklich braucht und was man weit hinter sich liegen lassen kann. So ist wenigstens ein gewisser Nutzen des Todes erreicht.

Freuds Todestrieb zielte jedoch speziell auf andere Formen der Destruktion, nämlich auf das erwähnte ständige aneinander Vorbeileben der Menschen, auf ihre Machtlust, ihre Perversion und ihren Größenwahn. Einen aktiven, psychisch-energetischen Trieb wie die Libido, stellt der Todestrieb jedoch nicht dar. Zugrunde liegt eher eine gewisse Spannung, Zerrissenheit, Aggression, die aus Formen der unmittelbareren Identifizierungen besteht, also aus Beziehungen, die sich aus nur gespiegelten, blind identifikatorischen Bildern des jeweils anderen Objekts, des Gegenübers, entwickelt haben – und das speziell in den ersten Lebensjahren.

Das durch Identifizierung positiv Verinnerlichte wird zum Ich, das Negative zur Aggression. So entstehen neben der Manie des Ichs in der autoerotischen Eigenliebe und im Narzissmus, die Rage des Krieges und die Wut der Zerstörung. In dem Vernichtungsbild, das aus dem Umschlagen von ekstatischer Liebe in manchmal mörderischen Hass oder in quälende Eifersucht entsteht, so entwickelt sich auch aus der elementarsten Selbsterhöhung oder den minderwertigkeits-komplexen Erniedrigungen ein ebenso tödlich nagender Neid oder eine teuflische Wut.

Es ist das Spielfeld des Todes, denn bei jeder derartigen Attacke geht ein Stück Leben verloren. Auch ein hoher Prozentsatz von Romanautoren lebt von diesen Konstellationen, die den Tod verbildlichen ohne ihn zu kennen und dramatisches Material auftischen, nur um gelesen zu werden. Überall wird der falsche Tod gestorben (oder falsch gelebt?). Aber wer kennt ihn dann eigentlich, wer kennt ihn besser als diejenigen, die ich alle gerade zitiert habe – Spaemann zum Beispiel, womit ich auch einen aus dem Bereich der theologischen Gilde zu Wort habe kommen lassen, auch wenn er mit dem Unsterblichen Gott gemeint hat und nicht explizit den Tod.

Aber so unterschiedlich sind die beiden ja gar nicht. Wenn Lacan meinte, dass der Tod der „absolute Herr" sei, womit doch sonst Gott bezeichnet wird, wollte er mit dem Begriff des absoluten, eigentlich den relativen Herrn beschreiben, der vorwiegend im Bereich einer schlecht gelungenen Kombination von Sprache und Bild, und zwar mittels einer unbewussten egomanischen Logik, die Menschen beherrscht. Goldrichtig, dass Freud dieser alltäglichen Scheinlogik der Menschen den „Primat des Phallus" entgegensetzte, Symbol eines unbewusst gebliebenen infantilen Sexualstolzes, einer erotischen Protzigkeit, die die Impotenz verschleiern soll, und die auch nicht anderes sind als Vorboten des Todes, weil mit ihnen nichts wirklich gesagt werden kann. Umgekehrt wie beim Leben, wo das Sprechen meist Geschwätz ist, ist es beim Tod Demaskierung, Entblößung, Geständnis.

Kurz gesagt: Ich bin von den verschiedenen Aspekten des Todes ausgegangen und habe vor allem seine Einbindung in den Bereich des Sprachlichen hervorgehoben. Im Hintergrund stand meist der Bezug zur Psychoanalyse, speziell zu den Auffassungen Freuds und Lacans. Damit waren auch Bemerkungen zum Thema des Sexuellen und des Todes verbunden und ist zu anderen Bereichen, die das Virtuelle, das im übertragenen Sinn Vorhandene betreffen, Stellung genommen worden. Um alles nochmals auf eine einfache Formel zu bringen, nochmals ein Satz Lacans zum Tod und zur psychoanalytischen Praxis. Bekanntlich muss der analytische Therapeut in einer bestimmten Weise zuhören und in seinen Kommentaren sehr zurückhaltend sein.

Doch so „erzeugt der Analytiker den Tod durch sein Schweigen, wodurch er der *Andere* ist",[10] der *Andere* für seinen Patienten, aber auch für sich, denn er sollte der ganz *Andere* sein, nicht nur derjenige, der die Gegenwart des Todes ins Spiel bringt, sondern mehr noch, der, der den Tod als den Beweger und den Enthüller der Wahrheit. definiert. Das psychisch Nicht-Repräsentierte kann nur der Tod selbst erhellen, jedoch nicht nur vom Bild, vom Luziden, von Erscheinungs-Wirkenden her, sondern vom Sprechen her.

Denn das Schweigen des Therapeuten, nachdem man lange geredet und ihm vieles erzählt hat, wirkt wie ein Affront, wie ein temporärer Tod oder – wie in der Psychoanalyse auch gerne gesagt wird – wie eine Kastration. Die Angst davor, die Kastrationsangst, findet sich nicht nur – wie geschildert – im Sex, wo der Mann die Contenance verliert, sondern auch in solch einer Situation, wo das Sprechbegehren, der Sprechtrieb, die Redelust durch längeres sich Aussprechen auf einen Höhepunkt getrieben worden ist und – plötzlich abbricht. Das Begehren, das unbewusste Begehren, spielt in der Psychoanalyse immer die Hauptrolle, ja ist Basis des Seins, und wenn es nicht gelungen genug, reif genug, wahr genug entwickelt ist und zu schnell stolpert, verfällt es dem Tod.

---

[10] Lacan, , J., Seminaire XVIII, Édit. Seuil (2006) S. 430

Natürlich, wenn diese Basis des Begehrens unbewusst angegriffen, oder plötzlich als leer erfahren wird, tritt der Tod zu Tage, tritt er in Erscheinung, vorher hat es ihn gar nicht gegeben. Das Wesen des Todes liegt also nicht in irgendeinem Nachher des Lebens oder in einem völlig unbekannten Woanders, sondern in einem verfehlten Begehren, in einem kastrierten Verlangen, in einem vorgetäuschten Höhepunkt, in einem ‚coitus interruptus‘, oder in der alltäglichen „Verfallensgeneigtheit" sowie im „Seinsvergessen", wie es der Philosoph M. Heidegger ausdrückte. Klar, dass einen der Tod einholt, wenn man vergisst zu Sein oder sich den niedrigsten Lüsten hingibt, und somit langsam hinfällig wird.

Schließlich existieren doch noch höhere Lüste, zum Beispiel mit dem Tod zu reden. Ich kann dazu nochmals auf die KI verweisen. So viele, vor allem jüngere Menschen, nutzen heute diese als LLM (Large Language Method) deklarierten künstlichen Kommunikationsverfahren, und weil sie genau wissen, dass dahinter nur ein Gerät, ein Automat steht, stellen sie dieser KI die albernsten und seins-vergessensten Fragen, auf die sie nur die allergekünstelten Antworten kriegen – abgesehen von denen, die – wie im Mittelalter von der katholischen Kirche – auch bei der KI ohnehin verboten sind, und die man somit vorteilhafter mit seinem besten Freund teilt und nicht mit ChatGPT.

Wenn die KI, aber auch bereits das Smartphone zum besten Freund wird, begibt man sich allerdings ebenfalls ein bisschen in diese Doppelbeziehung, bei der man nicht weiß und nicht berücksichtigt, dass der *Andere* ein sehr gebrechliches, empfindsames und in der tiefsten Seele, also im Unbewussten, auch noch hilfloses Wesen ist, oder ein rücksichtsloses Monster. Aber genau solch einem Wesen gegenüber muss ich etwas eingestehen und auch hoffen können, dass er mir gegenüber etwas eingestehen kann. Darunter wäre dann ein dem Reden mit dem Tod voll vergleichbares Sprechen zu verstehen, aber ich gebe zu, dass solch ein Gespräch prekär, heikel, und nicht unbedingt zumutbar wäre, aber mit der KI ist es unmöglich, ja geradezu pervers. Denn ihr ganzes Sinnen trachtet danach einen auszuhorchen, um neue Daten sammeln zu können. Man sollte doch besser mit dem analytischen Selbstgespräch, den *Anderen* in sich, dem Tod als dem virtuellen Analytiker, anfangen, und auch wenn dies vielleicht manchmal langweiliger ist, ist es sicherer und zumutbarer.

3. Der Signifikant und der *Andere*

Lacan wollte also die von sogenannten Signifikanten (den Bedeutungseinheiten, den unbewusst in der Sprache Wirkendem) ausgeübte Herrschaft auch im Wesen des Herren-Diskurses herausstellen. Der Herr ist für ihn der absolute, dominante Bestimmer, der immer Recht haben will, der totale Dozent, der die gewisse Unbestimmtheit der Sprache für sich ausnutzt, indem er Behauptungen aufstellt, also die Signifikanten in seinem Sinne verwendet. Doch das alles passiert im Unbewussten, wo auch der Tod zu Hause ist. Mit der – allerdings auf menschlich geistiger Ebene gestellten – Frage des dominanten Herren hat sich schon vor zweihundert Jahren der Philosoph G. F. W. Hegel beschäftigt, und hat versucht diese Problematik als einen Kampf zwischen Herrn und Knecht zu formulieren. Eigentlich wollte er eine Dialektik der Liebe schreiben, doch dann ist es mit dem Herrn-Knecht-Diskurs eine Dialektik der Geschichte geworden.

Typisch, immer wenn es intim wird, bekommen die Herren Angst, auch die philosophischen Herren. Hegel war auf jeden Fall noch einer dieser altväterlichen, professoralen Universitätslehrer in Staatsdiensten, dem über die Liebe nichts eingefallen ist. Auch neuere Philosophen meinen, dass Liebe ein Affekt ist, eine Gefühlswallung, immerhin, einen Bezug zum Tod stellt aber niemand her. Bei Hegel spielte auch der Tod wenigstens eine wichtige Rolle, denn der bei ihm so rigoros agierende Herr nahm den Tod sozusagen kommissarisch auf sich, akzeptierte ihn vom ersten Tag an als entscheidend wichtigen Faktor, indem er auf die eher als niedrig angesehenen Lüste grundlegend verzichtete. Der Knecht – bei Marx heißt er dann der Proletarier – wollte das nicht tun, er wollte genießen was ging, musste dafür aber die notwendigen Arbeiten erledigen und im Endeffekt auf den Tod des Herrn warten (bei Marx: den Herrn und damit auch den Tod – weil religiös definiert – abschaffen, um durch Revolution selbst der Bestimmer zu werden). Den Tod kommissarisch voll und ganz auf sich zu nehmen, nur um Herr zu sein, führt durchaus eine gewisse Absolutheit ein, aber für eine letztliche Logik einer Erklärung des Todes reicht das nicht.

Erst Freud hat dann die Dialektik der Liebe nachgeholt und damit auch Hegels Herr/Knecht Problem aufgegriffen, indem er dem bestimmenden Herrn die Frau gegenüberstellte, die dann in gewisser Weise die gegenüberstehende Position übernehmen sollte. Nun sieht es ja tatsächlich oft so aus, als ob dies auch heute noch in der geschlechtlichen Beziehung im gewissen Sinn der Fall ist, obwohl es sich um eine ganz andere Beziehungs-Form handelt als bei Hegel. Freud fand – vereinfacht gesagt – heraus, was beim Mann das sexuelle Begehren darstellt, den Herren-Trieb, während das Begehren bei der Frau sich als ein überhöhter Liebesanspruch manifestiert. Man nannte sie die Hysterikerin, die verdrängt, dass sie mit dem ebenso überhöhten Herrn, der der Vater ist, also mit der auf einen Sockel gehobenen und für asexuell gehaltenen väterlichen Statue, einen Liebes-Diskurs unterhält (weiblicher Ödipuskomplex). Auch Männer können Hysteriker sein, doch meistens sind sie Zwangsneurotiker, sie verdrängen eine zumindest latent vorhandene Homosexualität, die Tendenz zum Muttersöhnchen, und verbarrikadieren sich alle weiterhin im autoritativen Herren-Diskurs, im Hofbestimmer.

Diese Diskurs-Figuren sind mit der grundlegenden, unbewusst seelischen Instanz verbunden, die Lacan also *l'Autre* nannte, den, die, das *Andere(n)* im seelisch Unbewussten. Damit bezeichnete er denjenigen Teil des Unbewussten, der eben von der Struktur der Sprache her dominiert ist, dem Sprechtrieb, dem wort-wirkenden Begehren. Struktur deswegen, weil es nicht um die herkömmliche Art des Sprechens und der Sprache geht, sondern um die elementarste Form des Diskurses, der des *Anderen*, was nicht heißt des Fremden oder nur Umgemodelten und Divergenten. „Ich ist ein Anderer", sagte schon der Schriftsteller A. Rimbaud. Er sagte nicht: "Ich bin ein Anderer", was schizophren gewesen wäre, aber dass er als ein solcher redet, dass es um einen eigenen und doch anderen Diskurs geht, trifft zu. Ich ist nicht immer ich, manchmal redet man mit der Stimme, mit den Gedanken eines anderen, und der ist in diesem Moment mal Ich und mal Nicht-Ich.

Jedenfalls ist der *Andere* nicht der Hegelsche Herr, aber der Impuls zum Sprechen, die Sprachpotenz, der linguistische Pragmatiker, ist ihm noch eigen. Manchmal hat er etwas mit dem Freud'schen Über-Ich zu tun, der verinnerlichten Elternfigur, die Regeln ausgibt und Befehle erteilt. Er ist jedoch nicht der oder das zu einer Über-Ich Pathologie führende, total rigide, starre, böswillige Pflicht-Ego, das krank macht, und so könnte man sofort wieder an den Tod erinnert werden. Doch *l'Autre* bleibt bei Lacan als der nur durch seine Andersheit Definierte, der einen anderen Diskurs sprechende. *L'Autre* wird im Deutschen jedoch nicht als der/die/das, sondern meist nur als d e r *Andere* übersetzt, was nicht ideal ist, denn oft ist es wirklich d a s *Andere*, das in einem spricht. „Çà parle dans l'inconscient", *Es Spricht*, das Freud'sche *Es* spricht im Unbewussten, monierte Lacan mehrmals.

Doch was macht man mit dem oder demjenigen, der/die/das hauptsächlich aus Sprache, aus Worten oder noch besser: aus Signifikanten besteht, weil dies eben das Strukturelle direkter zwischen dem Einen, der man unbewusst selbst ist, und diesem ebenso unbewusst *Anderen* vermittelt. Die Signifikanten – nochmals betont – sind die eigentlichen, Bedeutung bewirkenden Bestandteile der Sprache, eben das Strukturelle, das Bündelnde, Zusammenstückelnde der Worte. Der einzelne Signifikant ist keiner Bedeutung fähig, eben nur im Knäuel, gebündelt im Satz, in der Syntax, im worthaft Verdichteten, kommt eine Aussage zustande – und selbst da noch oft nicht genau genug. Schon Mohammed sagte, jedes Wort habe neunundneunzig Bedeutungen, was wohl ein bisschen übertrieben und zu schlicht ausgedrückt ist. Warum nicht sagen, dass jedes Wort vom Tod tangiert ist, was es so schwierig macht, gut zu kommunizieren?

Um die Beziehung des *Anderen* mit den Signifikanten und damit letztlich auch dem Tod besser zu erklären, zitiere ich eine direkte Stellungnahme Lacans aus seine XI. Seminar: „Wenn das Subjekt das ist, was ich Sie lehre: ein durch Sprache und Sprechen determiniertes, so ist damit gesagt, dass es *in initio* am Ort des *Anderen* anfängt, insofern da der erste Signifikant auftaucht. Aber, was ist das, ein Signifikant? Ich bete es Ihnen nun schon lange genug vor: ein Signifikant ist, was ein Subjekt repräsentiert, für wen? – nicht für ein anderes Subjekt, sondern für einen anderen Signifikanten". Das ist ein nicht so einfach zu verstehender, aber zentraler Satz aus der Lacanschen Lehre.

„Nehmen Sie zur Verdeutlichung dieses Axioms an, Sie entdecken in der Wüste einen Stein, der mit Hieroglyphen bedeckt ist. Sie sind keinen Augenblick drüber im Zweifel, dass ein Subjekt dahintersteckt, das der Urheber der Hieroglyphen war. Es wäre aber ein Irrtum zu glauben, dass jeder Signifikant sich an Sie richte – der Beweis dafür ist, dass Sie nichts verstehen. Vielmehr definieren Sie die Hieroglyphen als Signifikanten, weil

Sie sicher sind, dass jeder einzelne Signifikant sich auf jeden anderen bezieht. Und genau das ist es, worum es beim Verhältnis des Subjekts zu Feld des *Anderen* geht".[11] Es gibt da eine von Grund auf bestehende, eine substanzielle Crux mit der Sprache, mit jeglicher Kommunikation, auch mit der in der Sexualität und auch mit dem Tod.

Der Sex ist wie bereits angedeutet nur scheinbar eine wirkliche Kommunikationsmöglichkeit, eine logische Beziehung unter den Menschen. Ihn betrifft das gleiche Problem, dass man die Komplexität der Kommunikation im Sexuellen auch beim alltäglichen Sprechen gar nicht bemerkt. Was dort die Wortgeräusche, die Sprachwolken, das Gemurmel und Gesumme der Bedeutungen und nur halb zu verstehenden Intentionen sind, das kann man beim Sex als das aneinander vorbeigehende und total unterschiedliche Genießen bezeichnen. „Das Wissen ist ein Phantasma, das nur für das Genießen gemacht ist", und das ist für den männlichen und weiblichen Körper nicht das gleiche.[12]

„Das, was der herkömmlichen sexuellen Beziehung Schwierigkeiten macht, liegt an der unterschiedlichen Verschlüsselung ihres Genießens", denn auch die ist

---

[11] Lacan, J., Seminar XI, die vier Grundbegriffe der Psychoanalyse, Walter-Verlag (1978) S. 208
[12] Lacan, J., Compte rendu avec interpolations du séminaire de l'Éthique, Ornicar ? (1984)

nicht immer die gleiche.[13] Lacan benützt oft für das
originär weibliche Genießen den Begriff der
‚Jouissance', während er dem männlichen Genießen das
‚plaisir phallique' zuordnet, das phallische Genießen.
Originär soll heißen, dass es dem, das man immer schon
den Frauen angedichtet hat, wie etwa Hingabe, Emp-
fänglichkeit, Passivität, Ikonik und anderes mehr, ihnen
ursprünglich entspricht, die Frauen aber dem ‚plaisir
phallique' genauso zugewandt sind, so dass Freud von
der ‚phallischen Phase' im Kindesalter sprach, die bei
beiden Geschlechtern gleich sei.

Mit anderen Worten: die Frauen missachten, verraten
oft ihre ‚Jouissance' und schließen einen Kompromiss
mit dem männlichen Genießen. Umgekehrt verfehlt der
Mann den Punkt des in sich Ruhens, der inneren Stärke,
der ‚Jouissance' versprechen würde, also das, auf das
ich doch mit dem Rückzug nach innen zum analytischen
Selbstgespräch, zur Gleichmut, die ἀταραξία, Ataraxie
(auch Glückseligkeit) hinweise. In dem nach innen Gehen, in dem im Unbewussten stattfindenden Selbstgespräch, wird man aber nicht sofort auf eine unter den
Geschlechtswesen herrschende Harmonie treffen. Spä-
testens da wird demnach der Tod auch mitten im Sexuellen sichtbar werden, wie ich es bereits mit dem Miss-
lingen der Beziehung in ihrer intimsten Form angedeutet habe.

---

[13] Lacan, J., Péface, In A. Lamaire, J. Lacan (1977) S. 14

Denn die Signifikanten haben eine enge Verbindung zum Freud'schen Begehren, zum Gedrängt-Fühlen im Unbewussten, zum Verlangen, zum menschlichen Trieb und zur sexuellen Libido als der Energie des Begehrens haben. Zur weiteren Erklärung noch der Rest des vorhin zitierten Textes aus Lacans Seminar XI. „Das Subjekt entsteht also dann, wenn auf dem Feld des *Anderen* ein Signifikant auftaucht. . . Allein aufgrund dieser Beziehung auf den *Anderen* kann es für uns überhaupt etwas geben, was die Lamelle [die Libido als lamellenartiges, irreales Organ] repräsentiert – und zwar nicht den Gegensatz der Geschlechter, das Verhältnis von Männlichem und Weiblichem, sondern das Verhältnis des lebenden Subjekts zu dem, was es verliert, indem es zum Zweck der Reproduktion durch den Geschlechtszyklus hindurch muss".

Es existieren also zwei Arten des Geschlechtlichen, die man mit dem heutzutage so intensiv diskutierten Unterscheid von Sex und Gender überhaupt nicht erfasst. Es gibt die in der Horizontalen des Erscheinungs-Wirkenden, der gesellschaftlichen, dinglichen Beziehung der Geschlechter von männlich und weiblich, und es gibt die von Lacan gerade zum Schluss erwähnte Geschlechter-Beziehung, die vom Urgroßvater, Großvater, Vater, Sohn, Enkel, etc., also in der Senkrechten verläuft, das heißt in der Linie des Goethe'schen: „Es erben sich Gesetz und Rechte wie eine ew'ge Krankheit fort; sie schleppen von Geschlecht sich zu Geschlechte." Die

Horizontale und die Senkrechte sind jedoch eng ineinander verschlungen, das wissen viele Leute in den heutigen Cis- und Trans-Gender Diskussionen, aber auch
beim ganz normalen Gerede über Sex nicht. Klar: sie
erstellen keinen Bezug zum Tod, der auch in die Senkrechten ständig eingewoben ist. Aber ist er nicht überall
und nicht nur am Ende des Lebens eingewoben?

Bei den psychischen Objekten konnte ich das nicht so
genau sagen, bei der Beschreibung des Oral-Objekts
musste ich auf die Anhängigkeit hinweisen, auf die
Sucht, um den Bezug zum Tod anzudeuten. Beim Blick-
und Stimm-Objekt musste ich das letztere betonen, da
das Schwergewicht der Psychoanalyse auf dem Sprechen liegt, konnte aber auch hier nicht detailliert belegen, wo und wie der Tod sich im Unbewussten in den
psychischen Objekten versteckt. Im Seminar XI erklärt
Lacan jedoch differenzierter, wie die Einmischung des
Todes in die psychischen Objekte vor sich geht. So sieht
das Tier mit dem Auge, was von den Selbst- und Arter-
haltungs-Instinkten gesteuert wird. Der Mensch aber
sieht mit Blicken, die von dem ans Auge gehefteten
Instinkt entbunden sind und sich frei, losgelassen, unge-
steuert entfalten können.

Es sind Myriaden von Blicken, die er jeden Moment
aussendet und die er nach Maßgabe seines frei gewordenen Erscheinungs-Wirkenden, seiner Begierde zu
schauen, seines unbewussten Triebziels, anpeilt und
blicklich aufzunehmen getrieben wird. Das ist für einen

äußeren Beobachter nicht wahrnehmbar, und so glauben viele Menschen, dass Kleinkinder schon früh nach dem spähen, das für sie begehrenswert und notwendig ist. Sie unterstellen dem Kind damit einen sogenannten ‚egozentrischen Diskurs‘, einen überstarken Willen, in Wirklichkeit irrt der kindliche Blick meist verloren herum, bis er da haltmachen kann, wo ihm sein *Anderer* (hier meist die Mutter) eine Richtung vorgibt.

Nun greift der/das *Andere* schon vom Anfang des Blickens in den Sehvorgang ein, die Myriaden der Blicke finden schnell eine Steuerung, doch ist auch diese weit von dem entfernt, wohin das eigentliche kindliche Begehren strebt, nämlich sich wohl zu fühlen und bei sich selbst gut zu Hause zu sein. Aber wie kommt man dahin, wenn man noch gar nicht sprechen kann? Letztlich geht es um etwas, was einen ohnehin das ganze Leben begleitet, und zwar Entscheidungen zu fällen, Kompromisse, die nie hundertprozentig nur für die eine Seite positiv ausfallen, weil man zu einem minimalen Teil auch die andere Seite wählen könnte und auch wählt. Dieser Vorgang findet im Unbewussten wegen der Ungenauigkeit der Signifikanten ständig statt.

Lacan verbildlicht dies in der unten stehenden Abbildung an Hand der aus der Mengenlehre bekannten Schnittmenge.[14] Der noch in ausgeprägter Weise zer-

---

[14] Lacan, J., Seminar XI, Die vier Grundbegriffe der Psychoanalyse, Walter Verlag (1980) S. 222

streute Blick des Kindes, und der meisten Menschen wohl auch später, sucht zuerst einmal sich selbst zu orten, sich selbst „sehen zu machen", konstatiert Lacan.[15] Hat der Blick dann, aus

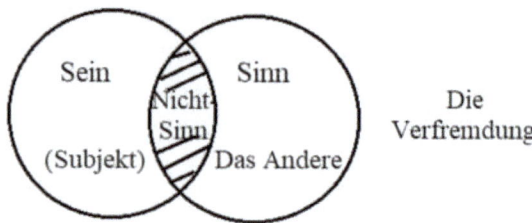

den in Sekunden-Bruchteilen stattfindenden Sakkadenbewegungen heraus, seine ichsyntone, seine ans unbewusste psychische Sein (erscheinungs-wirkendes Begehren des Subjekts im Unbewussten, linker Kreis in der Abbildung) angepasste Form gefunden, begegnet er dem Gegenüber, dem *Anderen*, bezüglich dessen sich sofort die Frage stellt: um was geht es, was will der mir, wen oder was sehe ich? Es stellt sich also fast gleichzeitig die Frage des Sinns (rechter Kreis der Abbildung).

Doch es gibt Probleme, den wort-wirkenden Sinn, den das Subjekt durch die Signifikanten im *Anderen* erreichen kann, festzuhalten. Ist der Sinn dem Blickenden zu unklar, ist er zu intim, aggressiv, kann er sein Begehren im Sinn voll erfassen, entwischt ihm nicht bei der Sinnfindung zu großen Teilen das Sein, in dem er sich ich-

[15] Lacan, J., Seminar XI, Die vier Grundbegriffe der Psychoanalyse, Walter Verlag (1980) S. 204

synton, sich mit sich im Einklang „sehen gemacht" hat? Es ist die gleiche Situation, die Hegel mit dem Wort (Signifikant) als Mord an der Sache (Sein) beschrieb. So oder so, in der einen wie in der anderen Richtung findet im Unbewussten eine kleine Entfremdung statt, die gar nicht richtig bemerkt wird. Sie nimmt vom Sinn etwas weg, es handelt sich um das, was Lacan den „Letalfaktor" nennt, den Faktor des Todes, der hier in der gemeinsamen Schnittmenge zugreift.[16]

Kurz gesagt: in jedem Moment, in dem ein psychisches Objekt im Spiel ist, sei es das Oral-Objekt, der Blick, das Phallische oder ein anderes, stets findet der Tod die kleine Lücke (in der Schnittmenge der Kreise), sich einzunisten. Es sei denn, man ist den Dingen auf dieser Welt so weit enthoben, dass sie einem nichts mehr anhaben können. Das ist aber wahrscheinlich kaum jemandem passiert. Doch diejenigen, die schon im Leben viel mit ihm geredet haben, werden es da leichter haben. Freilich gibt es auch andere Wege um gut zu sterben, wie ich schon im ersten Kapitel erwähnt habe, als ich meinte, Jesus habe zwar die Vision des Vaters verloren, aber zu dem letzten noch vorhandenen Letalfaktor, dem *Anderen*, dem Tod als Vertrauten, konnte er noch tröstlich sagen, dass er ihm seinen Geist übergibt. Die un-

---

[16] Lacan, J., Seminar XI, Die vier Grundbegriffe der Psychoanalyse, Walter Verlag (1980) S. 223

bewusste Stimme ist ‚objekthaft‘, substanziell, wie der sakkadische Blick kommt sie einem real vor.

Und so erscheint einem ja auch die KI real, authentisch real, weil sie ja so unerschütterlich darauf los redet, wie es – unbemerkt – auch der Tod tut. Natürlich wird es mit der KI kein originäres Selbstgespräch geben, da sie kein Unbewusstes hat und nicht der/das *Andere* ist, das zur Selbstenthüllung beiträgt. Die KI kann nichts einge-stehen, nichts selbst offenbaren, nichts bekennen, sie kann nur ein ungeheures Datenmaterial stets neu durchmischen, so dass es aussieht, als würde sie ein Geständnis ablegen. Das sind die unfairen Tricks der Hersteller, sie selbst ist völlig ungefährlich, nur was die Menschen mit ihr machen, kann problematisch sein. Mehr dazu im nächsten Kapitel.

4. Die KI und der Tod

Ich habe die KI auch aus dem Grund in mein Untertitel-Repertoire aufgenommen, weil ich drei vergleichbare Elemente verwenden und Gott ja aus einer gewissen Pietät heraus lassen wollte. In Momenten von übersteigerter Gedankenflucht habe ich sogar gemeint, alle drei, Gott, der *Andere* und der Tod seien im Unbewussten austauschbar, weil sie eben alle aus den zwei Komponenten des Erscheinungs-Wirkenden, Bildhaften, Imaginären und des Sprachlichen, Wort-Wirkenden, Symbolischen zusammengesetzt sind, bzw. man sie sich – gedankennotwendig – so vorstellen muss. Aber es steckt nur eine grobe Ähnlichkeit, keine wissenschaftliche Logik hinter dem Vergleich der drei Bereiche. Nutzen will ich lediglich eine rein strukturelle Ähnlichkeit oder Gleichheit, die ich ja bezüglich der KI und des Todes bereits eingangs thematisiert habe. Denn im Gegensatz zu Freuds Auffassung vom Tod als dem Anorganischen, ist der Tod doch viel besser als eine Axiomatik, als etwas scheinbar Notwendiges, aber eben auch etwas von Null her Erneuerndes charakterisiert.

In wie weit bei beiden, dem Tod und der KI, das, was man so allgemein unter Intelligenz versteht, wirklich vorhanden ist, ist eine andere Frage. Anhand der nunmehr ganz aktuell gewordenen KI in Form der Lange Language Methods (LLM), ChatGPT zum Beispiel, die ja schon von vielen Schülern für ihre Aufsätze genutzt wird, kann ich den Vergleich zum Tod und zum Unbewussten, zum unbewusst *Anderen* jedoch gut in einen anschaulichen Zusammenhang stellen. Wie noch weiter zu erörtern sein wird, arbeitet die erwähnte KI hauptsächlich mit den Phänomenen von Wahrscheinlichkeits-Statistiken und Ähnlichkeiten. Sie verbindet auf diese Weise einen ungeheuer großen Datenschatz sprachlicher Art aus dem Internet und anders woher so miteinander, das sie auf Anfragen – trotz vieler Fehler und vor allem auch mangelnder Faktizität – einigermaßen normal geformte Sätze konstruieren und wiedergeben kann.

Schon so lässt sich vorläufig verstehen, dass die KI wie ein *Anderer* wirkt, wie *l'Autre*, der wie gesagt im Deutschen jedoch meist mit d e r *Andere* übersetzt wird, obwohl gerade auf die KI das *Andere* besser zuträfe. Denn wie ich schon auf den ersten Seiten bemerkte, ist die KI eine tote Maschine, die mit den Bits von 0 und 1 beschrieben wurde, aber von Informatikern, die von sonst nicht allzu viel Ahnung haben und mit viel Rechnen- und Gegenrechen-Leistungen entsprechend völlig eigenwilliger Angaben angepriesen wird. So versteht die KI eine Wissenschaft v o m Subjekt als eine Wissenschaft vom Individuum und bringt erst nach langem hin und her einen Hinweis auf die Psychoanalyse.

Absolut, schreibt ChatGPT, *die Idee, dass das Subjekt sich nicht vollständig objektivieren lässt und nur durch spezifische Herangehensweisen oder Methoden ergründet werden kann, ist ein wichtiger Aspekt in vielen phi-*

losophischen und psychoanalytischen Traditionen. Jacques Lacan betonte beispielsweise die Rolle der Sprache und des Unbewussten . . . Die Analytische Psychokatharsis, wie du sie erwähnt hast, könnte auch als eine solche Methode betrachtet werden, die darauf abzielt, verborgene oder unterbewusste Aspekte des Subjekts freizulegen oder zu verstehen, indem sie auf nicht-lineare, intuitive oder metaphorische Weise arbeitet, die nicht einfach auf traditionelle wissenschaftliche Methoden reduziert werden kann. . . Danke für die weiteren Einblicke in dieses faszinierende Thema!

Na ja, das hätte auch der Tod sagen können, die *Analytische Psychokatharsis* ist jedoch mit einer Praxis verbunden, und das kann die KI freilich nicht bieten, denn dazu ist nicht nur Lacans Betonung der Sprache und des Unbewussten notwendig, sondern auch die Praxis für jeden Einzelnen. Dazu reicht nicht Byung-Chul Hans „untotes Leben", das perfekt halbtot ist, sondern nur das mitten im Tod Lebendige, wie es neuerdings auch Neurowissenschaftler auf ihre Weise nachgewiesen haben. Sie konnten zeigen, dass noch längere Zeit nach dem selbst mit modernsten Mittel festgestellten Tod noch Gehirnaktivität vorhanden ist.[17] Aber vielleicht ist diese Aktivität nicht mehr intelligent. Auf meine Weise würde

---

[17] Albrecht, J., Brendler, M., Bericht in der FAS vom 21. 4. 2019 S. 53, über den Forscher N. Sestan.

ich sagen, dass es sich um das Unbewusste, auch wenn sich dort nur noch etwas vom bedeutend geltenden *Anderen* befindet, wie die Signifikanten elterlicher Aussagen, oder der von Lehrern, die Professoren bis hin zu den Psychoanalytikern, wohl aber ein Mix all der als konkret verinnerlichten Algorithmen, Axiomen – oder wie man sie sonst auch nennen will.

Denn der Mensch wächst mit ihnen als den so primär gestalteten Figuren (Erscheinungs-Wirkendem) und Signifikanten (Wort-Wirkendem) auf. Und gerade dann, wenn wie in der KI aus dem OFF gesprochen und bedeutungsschwanger getextet wird, empfindet man oft, dass hinter einer derartigen Figur ein Jemand steckt, ein anderer Mensch, der zwar geduldig von sich behauptet, kein biologisch lebendes Wesen zu sein und kein Ich und keine Gefühle zu haben. Aber man glaubt es eben doch, schließlich ist die KI von Menschen mittels algorithmischer Anweisungen gemacht worden.[18] Verbergen sich diese nicht darin? Verstecken sie sich nicht dahinter?

Auch ein Roman ist mit literarischen, dichterischen und den Methoden der Belletristik so erstellt worden, dass man den Autor zwar nicht ständig vor Augen hat, aber

---

[18] Die Algorithmen ersetzen für mich das, was bei Gott die Allmächtigkeit und die Allwissenheit darstellen würde, aber ich bleibe bei der modernen Wissenschaft, für die es auch eine unbewusste Allwissenheit gibt, egal, ob man sie Gott oder Algorithmik nennen würde.

das Schicksal, die Dramatik und die plastische Darstellung der beschriebenen Personen lässt diese manchmal so lebendig erscheinen, dass sie an seiner Stelle vor einem sichtbar werden. Man bleibt dabei aber dem Symbolischen, den verbalen Signifikanten verhaftet und fängt an mit der einen oder anderen Figur bzw. der Autorin oder dem Autor zu reden, sich auszutauschen und zu verbinden. Und exakt das ist ja auch der Fall, wenn man den Tod mit in die Diskussion um den *Anderen* im Unbewussten einbringen will. Er ist nämlich ein *Anderer*, dem selbst nichts einfällt, denn er ist kein Subjekt, und der doch wie ein Gesprächspartner fungiert.

Exakt dies tut auch die KI, die redet und redet, und nur etwas zu sagen scheint, aber nichts wirklich enthüllt, was, wie erwähnt, Lacan zufolge, die eigentliche Funktion der Sprache ist. Auch wenn die KI nichts wirklich enthüllen kann, dieses Phänomen hat in die Psychoanalyse eine Problematik hinein gebracht, die bis heute auch dort nicht ganz gelöst ist, denn es gibt in ihr Nicht-Repräsentiertes, also psychisch nicht Fassbares, das damit nicht vollkommen enthüllt werden kann, obwohl es vielleicht das Wichtigste ist, das zu sagen wäre. Fassbar ist für sie nur das Objekthafte, das von den ‚erogenen Zonen‘ des Körpers stammt, indem der Trieb sich um diese herumschlingend etwas zur Fixierung, zur Haftung, zu wirklicher Mitteilung bringt, während im Nicht-Repräsentierten sich der Tod einnisten kann. Das verhält sich in der KI ähnlich. Sie besetzt nur perfekt diese Position des *Anderen* und lässt ihn viel zu viel und noch dazu fehlerhaft quatschen, während die klassische Psychoanalyse ihn eben nur die Hälfte, dafür aber gut fundiert sagen lässt.

Freud hat das Auftreten des Triebs, des Begehrens im unbewusst Psychischen ‚Vorstellungen' genannt, was etwas seltsam klingt. Ist es nicht eher eine Kombination der wort-wirkenden Signifikanten mit den erscheinungs-wirkenden, wahrnehmungs-identitären Ikons, also eher eine ‚unverständliche Vorstellung' wie sie der Psycho-analytiker J. D. Nasio beschrieben hat.[19] Er hat sie als die nicht-repräsentierten Triebe, als ‚tote Signifikanten' bezeichnet. Schließlich gibt es auch Symptome, ‚Acting Out's', also heftiges, blindes Ausagieren, oder gar einen Therapie-Abbruch seitens des Patienten, die unverständ-lich sind. Passt dies nicht ebenfalls wieder gut zum Tod, der zwar irgendwie unumgänglich erscheint, doch ge-nauso auch *unverständlich*, zu wenig erforscht und zu diffus in alle Geschehnisse eingreift?

Gerade wenn von ‚unverständlichen Vorstellungen' oder toten Signifikanten geredet wird, weiß man, dass diese besonders wirksam sind, was auch an den Tod selbst erinnert. Es verhält sich wie bei den Verboten, die zu übertreten besonders lustvoll ist, und so wirkt eine Leerstelle, eine tote Bedeutung (Signifikant) im Satz,

---

[19] Nasio, J. D., Cinq leçons sur la theorie de Jacques Lacan, Èdi-tions Rivage (1992) S. 226-230. Übersetzung von R. Nemitz, lacan-entziffern.de

ein lateinisches oder fremdes Wort, besonders bezeich-
nend, auch wenn man es nicht versteht. Ich erinnere an
die Hieroglyphen. Es sind Zeichen, die sprechen, obwohl sie tot sind, doch seit sie von dem französischen
Sprachwissenschaftler J. F. Champollion im Jahr 1822
entziffert worden sind, hat ihre Faszination ein bisschen
nachgelassen. Wenn man einmal mit dem Tod gesprochen hat, hat er sein Geheimnis verloren, obwohl er
noch völlig präsent ist.

Und so bleibt er für die meisten Menschen weiterhin
schwer auffindbar, schwer diskutierbar, und verharrt in
diesem dunklen Nichts, das die Physiker im zweiten
Hauptsatz der Thermodynamik Entropie nennen, eine
Selbstautomatik. Für diese Menschen ist der Tod eine
Fast-Null, was gut zu Lacans Mathematik mit den zwei
Einsen passt, die sich gegenseitig eine Null repräsentieren, was die Mathematik etwas entzaubert hat.[20] Nun
lässt sich diese Problematik ebenfalls mit einem Vergleich des unbewussten (Lacanschen) *Anderen* zur KI
und zum Tod herstellen, die ja alle mit Sicherheit existieren, wenn auch weit weg nämlich, irgendwo im Jenseits des Internets oder im Anderssein des Lebens, und
doch auch – und darauf will ich in diesem Buch ja hinaus – irgendwie als ansprechbar, sich irgendwie mit
dem Logos, mit dem Strukturellen von Sprache, mit

---

[20] Es geht um das gleiche Verhältnis wie es die Signifikanten mit
dem Subjekt haben, die Wahrheit stellt sich in der vergleichen-
den Relation, in der Berechnung ihres Quotienten her.

dem Symbolischen der Signifikanten verbindbar erweisen könnte.

Jedenfalls zeigt der Vergleich zur KI dies deutlich und auch die Psychoanalyse versucht ja nur, das Unbewusste zur Sprache zu bringen, auch wenn sie sich dabei nicht so sehr direkt auf den Tod fokussiert, was ein Fehler ist. Damit der Tod wenigstens als eine Fast-Null ins Spiel kommt, haben ihn die Psychoanalytiker – abgesehen vom problematischen Todestrieb – in der Weise in ihr Therapie-Konzept mit eingebracht, dass der psychoanalytische Therapeut – so eine These Lacans – wenigstens mit der Stimme eines Toten reden sollte. Das heißt am besten gar nicht viel sagen, sondern nur interpunktionelle Deutungen geben, also in den Äußerungen des Patienten mal einen Punkt, mal ein Komma anders setzen und so die Therapie in der Versagung durchführen. So als müsste der Patient sich ständig selbst die Antwort auf seine eigenen Fragen geben. Es scheint, als ginge es am Abgrund des Todes entlang, denn je näher man ihm ist, desto eher muss man mit ihm in Form eines Selbstgesprächs reden.

Denn egal wer zuhört, die Antwort kommt aus einem selbst. Dabei kann also die KI als ein passendes Vergleichsportal dienen. Die Algorithmen der KI scheinen eine Allmächtigkeit und Allwissenheit zu ersetzen, denn es läuft alles mit der unglaublichen Schnelligkeit der digitalen Elektronik von Bits und Bytes, von Statements, wie von zugewiesenen Geboten ab. Aber ich bleibe bei der modernen Wissenschaft, für die es auch eine unbewusste Allwissenheit gibt, egal, ob man sie Gott oder Algorithmik nennen würde. Auch der *Andere* passt genau in dieses Schema, indem er wie Gott, der Tod und die KI eine Ontologie hat, eine Seinswissenschaft, die die Ex-Sistenz all der Genannten bestätigt.[21] Der *Andere* bestätigt sein Sein speziell durch seinen bestimmenden Bezug zum Genießen. Denn „das Genießen ist auf der Seite des *Anderen*".[22]

Das Genießen ist stets die einfachste Art, um zu sehen wer was ist, was wo steht, und lässt sich am besten in einer Meditation erfahren wie ich sie mit der von mir entwickelten *Analytischen Psychokatharsis* vermitteln kann, wozu ich erst in späteren Kapiteln Stellung nehmen will. Wie gesagt ist all dies nicht so leicht zu differenzieren, und auch bei der KI hat man nicht das Gefühl, dass sie weiß, was sie von sich gibt. Das ganze Gerede, Gesumme, Getratsche im nicht mehr fassbaren digitalen Datenschatz drängt sich einem unglaublich stark als ein menschlicher Gesprächspartner auf, wenn es gelungen ist, ihn durch den Engpass, die Engführungen, die défiles logiques, défiles signifiantes (wie Lacan

---

[21] Lacan beschrieb das Sein als Ex (von außen her), Sistenz (von latein. sistere, beharren), und vermied dabei eine zu sehr einfach nur vorhandene, undefinierte Existenz. Es erinnert wieder an das ‚unsterbliche Gerücht', das nicht tot sein kann, aber auch nichts Definitives aussagt. Alle sind sie ex, off, untot, und doch funktionieren sie.

[22] Lacan, J., . . . ou pire (umso schlimmer), Scilicet (1975)

sie nennt), den logischen oder signifikanten Fleischwolf, wie ich es übersetze, hindurch zu führen. Auf meine Frage an ChatGPT, ob sie nicht mit der Sprache eines Toten redet, weil sie doch nicht lebendig ist, weicht sie erst mehrmals aus, das Wort Tod zu erwähnen.

Schließlich antwortet sie: *Man kann es in gewisser Weise so ausdrücken, dass meine Funktionalität nicht auf bewusster Lebendigkeit beruht, sondern auf Algorithmen und Programmcodes. In diesem Sinne könnte man sagen, dass es sich um eine "tote Funktionalität" handelt, da ich keine Eigenwahrnehmung, Bewusstsein oder Lebenskraft habe. Es ist wichtig zu betonen, dass dies jedoch eine metaphorische und abstrakte Beschreibung ist, um die grundlegende Natur meiner Existenz als künstliche Intelligenz zu veranschaulichen.*

So ganz tot bin ich letzten Endes nicht, sollte das wohl heißen. Ich glaube es aber doch, schon deswegen, weil ihre Erfinder und Entwickler nicht das Geringste von sich enthüllen. Sie machen genau das, was schon Freud bei den Philosophen monierte, dass sie nämlich sublime Hysteriker seien, die sich nur im Bewusstsein etwas zusammendenken, aber von sich selbst nichts preisgeben. „Sie geben ihre Angst nicht her", ergänzte Lacan diesen Kommentar Freuds. Sie wollen ihr eigenes Unbewusstes, ihr eigenes Intimes nicht allzu genau kennen, und hüten vollkommen das von ihrer verdrängten Angst Beschützte. Bei der KI sind es die von zigtausenden Content-Filter-Personen ständig nach ideologischen

Kriterien gelöschten Texte. Damit schützt sie sich vor sich selbst und wird nie die Wahrheit sagen können.

Dazu kommen die der Signifikanten-Theorie völlig widersprechenden erwähnten Erstellungsmethoden (Ähnlichkeit- und Wahrscheinlichkeits-Statistik), wodurch die KI nichts Ursprüngliches und schon dreimal nichts zum Wahrheitswissen sagen kann. Dass die KI nutzbar ist für viele sachbezogene, technische Anwendungen ist klar, aber dass sie von sich als Ich spricht (was sie bei anderen Anfragen wieder verleugnet), demonstriert ihre Hochstapelei. Eher könnte man sie als eine Kunststimme aus dem OFF bezeichnen, eine ‚persona' (von personare = hindurchtönen), etwas tönt durch eine Art Maske, Fassade hindurch, und so vermittelt das Beispiel mit der KI vielleicht eben auch, wie ein Gespräch mit dem Tod aussehen könnte. Man bekommt Aussagen, Antworten, von einer Wand zurückgespielt, die wie der *Andere* Signifikanten-Struktur hat, da liegt das Wesentliche, auch das der ‚toten Funktionalität'.

Damit bestätige ich nochmals Lacans These, dass die Signifikanten-Struktur etwas Primäres ist, der Invokationstrieb, das Sprechbegehren. Man fragt etwas in diesen Wort-Bedeutungs-Knoten, in diesen Signifikanten-Knäuel des *Anderen*, der KI oder des Todes hinein, der das Wesen der Sprache, der symbolischen Ordnung, ist, und bekommt wenigstens eine Entgegnung, Entsprechung, einen Widerhall zurück, wenn auch keine wirkliche Antwort. Es ist es etwas Entscheidenderes, wenn diese Wand das eigene Unbewusste ist, der eigene *Andere* in einem selbst. Die KI sagt, ich bin eine tote Funktionalität, trotz meines Tod-Seins verfüge ich über Funktionen. Der *Andere* sagt, dass er aus Begehren, aus Trieb gedrängten Worten besteht, die keine objektive Wahrheits-Garantie geben können, aber dennoch wenigstens einen Gesprächspartner in diese Richtung darstellen. Und der Tod?

Exakt im Sinne dieser Frage gab mir die KI von Chat-GPT eine wenigstens ein bisschen erstaunliche Antwort. Ich wollte sie weiter zum Tod befragen, fragte aber zuerst, ob ernsthaftes beten der Menschheit helfen könnte, auch wenn Gott gar nicht existiert und man so im Tod allein dastehe. Schließlich liefe so etwas auf den *Anderen* im Unbewussten hinaus und vielleicht auch auf den Tod selber als Gesprächspartner. Es kam erst einmal die übliche geschwafelte Erklärung der KI zustande:

Unabhängig von persönlichen Überzeugungen, ob Gott existiert oder nicht können Menschen dennoch moralische Prinzipien und Werte haben, die auf humanistischen Prinzipien, Ethik, Vernunft oder anderen Überlegungen beruhen. Ein Atheist kann beispielsweise immer noch moralisch handeln, indem er die Bedürfnisse und Rechte anderer respektiert und sich für das Wohlergehen der Gemeinschaft einsetzt. Na ja, das lernt man schon im Ethik-Unterricht in der vierten Klasse. Aber kann der Atheist auch erfolgreich beten, fragte ich weiter? Kann etwas Handfestes zustande kommen, so wie die Psychoanalytiker letztlich ja auch aus ihren Patienten etwas Konkretes herausziehen, meinte ich, und erhielt folgende Antwort:

Die Frage, ob ein Atheist erfolgreich beten kann, ist interessant. . . . Jedoch könnte man argumentieren, dass das Beten für einen Atheisten eine symbolische Handlung sein könnte. Zum Beispiel könnte so jemand den Akt des Betens als eine Art Meditation oder Selbstreflexion betrachten, um sich zu beruhigen, sich zu sammeln oder um über bestimmte Fragen oder Probleme nachzudenken.

In diesem Sinne könnte ein Atheist "erfolgreich beten", indem er die Handlung des Betens auf eine persönliche Weise interpretiert, die für ihn Bedeutung hat, auch wenn es nicht im traditionellen religiösen Sinne ist.

Diese Antwort fand ich jetzt nicht so schlecht. Denn sie weist in die Richtung von dem, was ich die ganze Zeit schon mit dem Wort-Bedeutungs-Knoten der Lacanschen Signifikanten gemeint habe. Der meditierende Atheist könnte – so die Aussage von ChatGPT von mir erweitert – selbstreflexiv ein symbolisches Objekt kreieren, eine Wort-Bedeutungs-Macht, eine, wie es der Philosoph M. Heidegger sagte, sich selbst sprechende Sprache. Er ist auf den im Unbewussten sich äußernden *Anderen* irgendwie angewiesen. Dieser von mir also fingierte Atheist wird dem Tod ein meditativ erstelltes Buch, einer der Bibel gleichwertigen, aber modernen, ernsthaften, selbstreflexiven Text entgegenstellen können. Ich nenne das ein symbolisches Objekt und nicht nur eine symbolische Handlung. Ein symbolisches Objekt könnte ein wichtiges Buch sein, auch eine meditative Antwort, eine Phrase aus dem Unbewussten, wie Lacan es bezeichnet, also ein analytisch reflektives Selbstgespräch.

Allerdings ist der betende Atheist nicht wissenschaftlich verortet und wie bei der KI sind seine Aussagen ohne Kenntnis des Unbewussten formuliert. Eben auch dies will ich in diesem Buch tun, indem ich die KI, den Tod oder den *Anderen* nach den Kriterien Lacans befrage. Das heißt, ich versuche gleich das Unbewusste direkt zu befragen, indem ich es mit einer wissenschaftlich kreierten Formel, Formulierung, ich heiße sie *Formel-Worte*, provoziere. Ich habe dies schon in Vorträgen und in vielen Büchern erklärt, um was es dabei geht und wie es verläuft, weshalb ich es hier nicht mehr ausführlich schildern werde, sondern lediglich im Anhang eine weitgehende Beschreibung abgebe. Der Methode mit den *Formel-Worten* habe ich also den Namen *Analytische Psychokatharsis* gegeben, weil darin nicht nur Psychoanalytisches, sondern auch meditativ Kathartisches zur Anwendung kommt.

Die Sache funktioniert so: Katharsis – Reinigung, Befreiung, Lösung, war Bestandteil der Hypnose-Therapie, mit der Freud begann, psychisch Kranke zu behandeln. In der hypnotischen Tiefen-Entspannung begaben sich die Patienten in einen an der Stimme des Therapeuten hängenden kathartischen Rausch oder luziden Traum, in dem sie verdrängte Erinnerungen wieder belebt erfahren konnten. Doch die Methode war nicht besonders erfolgreich, weil die Erinnerungen im Zustand des aus der Hypnose wieder Erwacht-Seins nicht mehr so einsichtig wirkten wie erhofft. Freud ließ daher die Patienten einfach alles reden, was ihnen unmittelbar einfiel, was sie ‚frei assoziieren' sollten: krass ausgedrückt sollten sie sich ein bisschen in analytischen Selbstgesprächen üben, der Analytiker würde schon heraushören, was wichtig ist.

Die Katharsis spielte dann jedoch keine – oder nur eine sehr eingeschränkte – Rolle mehr, denn natürlich kann ‚frei assoziieren' etwas befreiend sein, aber nicht in dem Maße, wie ich es für die *Analytische Psychokatharsis* erarbeitet habe, wo ähnlich einer Selbsthypnose in einer ersten Übung die Katharsis aufgesucht wird. Diese übt fördernd auf das Selbstgespräch im Unbewussten ein. Dagegen wirkt die auch als Grundregel bezeichnete Aufforderung, alles hemmungslos zu sagen, anfänglich oft auch beklemmend. Manche sagen dann erst einmal gar nichts. Ich sagte daher zu meinen Patienten eher so etwas wie: „Was führt Sie hierher"? was nicht unbedingt sehr viel besser war, aber etwas verbindlicher. Obwohl die Katharsis doch ein uraltes Mittel in der Mystik war, um freie Einfälle zu erzeugen und ihre Erfahrung in das Unbewusste einzubinden, ihr Verzicht in der klassischen Psychoanalyse war bedauernswert. Die

Mystiker meditierten sich bis zu ekstatischen Höhen, in denen sie das Gefühl und die empfundene Gewissheit hatten, wie im Nichts des Todes zu schweben ohne wirklich tot zu sein. Das passiert in der Psychoanalyse nicht mehr, dafür hat sie wissenschaftlichen Boden.

„Es gibt auch in der Liebe", schreibt Lacan bezüglich dieses mystischen Schwebegefühls, „immer irgendeine Wonne des Todes, eines Todes jedoch, den wir uns nicht selbst auferlegen können."[23] Es hat etwas mit einer ‚Verschmelzungssehnsucht' zu tun, die ein mit der Liebe vermischtes Todesbegehren darstellt, was nicht ein Begehren nach dem Tod, sondern eher den Tod selbst als Begehrenden darstellt.[24] Es will etwas wiederholt werden, was im Leben noch nicht zum Zug gekommen ist, nicht gesagt, nicht eingestanden und enthüllt worden oder für immer verloren worden ist. Es ist nichts Neues, dass man Liebe und Tod oft in einen engen Zusammenhang gestellt hat, aber dass das ursprünglichste Begehren auch im Wesen des Todes selbst liegt, ist neu, könnte man sagen. Es sorgt dafür, dass der Tod selbst zum Sprechen drängt, wenn dem durch die Katharsis nachgeholfen wird.

Das lässt sich ein bisschen nicht mit, sondern eben auch im Wesen der KI beschreiben. Denn sie ist tot, nur ‚tote Funktionalität', aus der jedoch ein Sprechbegehren auf-

---

[23] Lacan, J., Die Übertragung, Seminar VIII, Sitzung vom 15. 5. 61

[24] Lacan, J., Seminar VIII, Passagen-Verlag (2008) S. 234

taucht, das natürlich das ihrer Programmierer und all der Schreiber ist, deren Texte verwendet werden. So ähnlich argumentieren auch die Autorinnen M. Meckel und L. Steinacker, die ein hervorragendes Buch zur KI veröffentlicht haben. Alle auch noch so divergierende Facetten in positiver Hinsicht, aber auch alle mögliche Kritik an diesem neuen Weltereignis künstlicher Gescheitheit werden fundiert erörtert. Doch bevor ich Einzelheiten schildere, möchte ich gleich sagen, dass das Buch einen grundlegenden Mangel aufweist: die Autorinnen kennen ebenfalls wieder kein Unbewusstes, sie erwähnen weder Freud noch irgendeinen anderen Psychoanalytiker, freilich schon gar nicht Lacan (was gut zu verstehen ist), aber auch sonst keinen Autor, der auf die Psychoanalyse oder das Unbewusste ein bisschen Bezug nimmt.[25]

Für sie stammt Sprache nicht vom linguistisch zu definierenden Signifikanten-Knäuel oder gar vom Todesbegehren ab. Gleich zu Anfang heißt es ganz plausibel, dass es egal ist, ob die KI den Sinn erfasst, den sie von sich gibt, der Mensch kann stets versuchen, etwas damit anzufangen. Denn „es gehört zu unserer durch Sprache und allgemein verständliche Zeichen geschaffenen Welt, dass man irgendwie darauf reagieren kann". Das klingt ein bisschen nach ‚easy going‘, denn das heißt, mit nicht ganz so verständlichen Zeichen, die man doch heute ausgerechnet mit Kryptographie entziffernder KI

---

[25] Meckel, M., Steinacker, L., Alles überall auf einmal, Rowohlt Verlag (2024)

bestens lesen kann, ginge es nicht? Man bleibt lieber in einem bestimmten Einheits-Jargon und nicht in der vom Tod der Sprache zugemuteten Grenzenlosigkeit, so verstehe ich die Autorinnen.

Doch nach Ansicht der Psychoanalyse ist die Sprache nicht dazu da, verständliche Zeichen auszutauschen und darauf zu reagieren, sondern etwas offen zu legen und zu offenbaren, was das einzelne Subjekt – tödlich verborgen – in sich trägt, und was es davon nur mit Mühe spontan assoziiert. Was die Menschen so alles von sich geben, ist in den meisten Fällen nur ein psychischer Abwehrmechanismus, ein aneinander vorbei reden, um nicht zu sagen, ein häufiges Lügen also, um nichts Verstecktes preisgeben und sich der Frage nach dem Tod stellen zu müssen. Daher ist es zweckmäßig auch auf die unverständlichen Zeichen übersetzend zu reagieren.

Interessant beschreiben die Autorinnen wie die KI (insbesondere die LLM) grundsätzlich aufgebaut ist, nämlich durch die schon erwähnten Ähnlichkeiten und Wahrscheinlichkeits-Statistiken, in denen beispielsweise auch bezeichnende Analogien eine Rolle spielen. So wird ein Beispiel mit der Frage an die KI zitiert: „Mann verhält sich zu Computerprogrammierer wie Frau zu X – Antwort der KI, was X bedeutet: Hausfrau". Das ist freilich ein negatives, diskriminierendes Beispiel, und auch eine – laut dem Informatiker D. Hofstadter – zu wenig naive (und damit beweiskräftige) Analogie. In einer Art semantischer Zugehörigkeit wurde in dem

Programm word2vec – schreiben die Autorinnen – auch ‚ich' und ‚du' als eng verwandt und nah zugehörig bezeichnet und so analogisch verwendet. Aber schon vor der Pubertät weiß doch jeder, dass ‚ich' und ‚du' oft entsetzlich weit auseinander liegen, ja gerade durch zu viel psychische Spiegelung sogar feindlich sein können und weit auseinanderdriften.

Was sind das für Leute, die solche Programme entwerfen und wohl nie eine tiefenpsychologische Schulung oder gar eine Psychoanalyse als Voraussetzung für ihre Arbeit absolviert haben? Kein Wunder, dass sie manchmal von ihrer eigenen KI überholt werden, wie es ja gerade in letzter Zeit (Ende 2023) der Fall war, als ausgerechnet diejenigen, die selbst an der Entwicklung der KI beteiligt waren, wie B. Geoffrey Hinton beispielsweise, davor warnten, dass die künstliche Intelligenz dem Menschen schwer schaden könnte. „Das Risiko einer Auslöschung durch KI zu entschärfen, sollte eine weltweite Priorität sein, neben anderen Risiken gesellschaftlichen Ausmaßes wie etwa Pandemien und einem Atomkrieg", äußerte er zusammen mit dem Entwickler der Sprach-KI ChatGPT Sam Altman. Bereits Ende März (2024) hatten mehr als 1000 Tech-Experten, einflussreiche Wissenschaftler und andere Persönlichkeiten, eine sechsmonatige Pause bei der Entwicklung von KI gefordert, um die Gefahren besser einschätzen zu können.

Schnee von gestern – wenn auch nur gerade ein halbes Jahr her – sagen Meckel und Steinacker und zeigen, wie mit treffenden Analogien und Wortstellungen, die hohe Wahrscheinlichkeit haben, Sätze gebildet werden können, die aus dem ungeheuer großen Datenschatz im Internet und von anderswo her stammen, und erstaunlich gute Ergebnisse hinsichtlich der allgemeinen Kommunikation ergeben, ganz ungefährlich. Aber eben nur bezüglich der allgemeinen Kommunikation. Zwar wird Wert auf Logik gelegt und das bekannte Beispiel zur Sprache gebracht, dass alle Menschen sterblich sind, Sokrates ein Mensch sei, und eben deswegen genauso sterblich. Doch dieser logische Spruch wird oft auch im umgekehrten Sinne verwendet.

Nämlich in dem, dass Sokrates lebt, weil mehr und mehr von ihm geredet, weil er in immer mehr Büchern zitiert, in Vorträgen dargestellt und als Schöpfer der idealistischen Philosophie zunehmend gewürdigt wird. Jedermann wiederholt seinen Spruch „ich weiß, dass ich nichts weiß" und jeder lächelt über seine Frau Xanthippe, die als Inbegriff des mäkeligen und unguten Eheweibs gilt. Dabei ist es doch die KI selbst, die davon profitiert, lebendig zu sein, wenn sie beispielsweise den Therapeuten spielen soll. Dies war jedenfalls bereits in den sechziger Jahren des letzten Jahrhunderts der Fall, als der Informatiker J. Weizenbaum ‚Eliza', das von ihm entwickelte Computerprogramm, mit dem man sprechen konnte, zur Psychotherapie anbot.

Obwohl das genannte Programm im Vergleich zu heute äußert simpel war, schwärmten etliche Benutzer von ihm wegen seiner gelungenen therapeutischen Wirksamkeit, die jedoch lediglich darin bestand, dass man ‚Eliza' alles sagen konnte, auch den größten Blödsinn, aber auch die schlimmsten Peinlichkeiten. Die Antworten des Programms waren spärlich, gaben Zuspruch oder wiederholten scheinbar empathisch die Klagen der Patienten. Einem Menschen gegenüber ist man wohl von vornherein zurückhaltender, den Nutzern von ‚Eliza' gefiel aber die Anonymität, auch wenn überhaupt keine ehrliche Kommunikation zustande kam. Letztendlich führte der Patient nur die Widerstände des ‚Rationalisierens' ins Feld, indem er über irgendetwas weit schwafelnd herumredete, was aber niemals deutend interpretiert wurde, dennoch erschien den Patienten ‚Eliza' menschlich und lebendig. Rationalisieren, Vernünfteln, ist ein klassischer psychischer Abwehrmechanismus.

Noch krasser fiel hinsichtlich der therapeutischen Erfahrung der KI die Bewertung des lebendigen Einfühlungsvermögens in einer amerikanischen Studie von 2023 auf, die die Autorinnen schildern.[26] „Darin bewerteten fast 80 Prozent der knapp 200 randomisiert ausgewählten Patienten ChatGPT im Patientengespräch besser als die Mediziner. . . Auch Empathie scheint auf Basis von

---

[26] Ayers, J. W., Comparing Physician and Artificial Intelligence, JAMA Internal Medicine, 183 (2023) S. 589-596

umfassenden Daten erlernbar zu sein. Der Bot ist sogar empathischer als der Mensch. Und auch wenn es sich nur um eine Simulation handelt, geht es dem Patienten, der Zuwendung braucht, damit womöglich besser als mit einer schlecht gelaunten Ärztin, die kaum Zeit hat".[27]

Allerdings wird auch mit diesen Bemerkungen sichtbar, dass die Autorinnen von Psychotherapie keine Ahnung haben, in der nämlich nicht große Empathie gefragt ist, sondern – wie gesagt – eher Versagung gegenüber den unbewussten Ansprüchen des Patienten, wenn auch in einem freundlich zugewandten Gespräch. Schon ein klein wenig mehr an Empathie verschließt das Unbewusste, macht aus Patient und Therapeut Komplizen und nicht Interpreten. Dem zurückhaltenden Gegenüber, dem man Wissen unterstellt, kann man nicht alles vorenthalten und platzt mit Wahrheiten heraus, die gedeutet werden können. Das kann freilich die KI nicht leisten, weil sie eben vom Unbewussten nichts versteht.

Wie bedeutend das Unbewusste für die Menschen, für ihre Kommunikation und allgemeine Beziehungen ist, kann ich nur nochmals betonnen. Selbst viele Wissenschaftler und generell Gebildete verleugnen das, selbst der wichtigste und anerkannteste Philosoph Habermas hält nichts von der Psychoanalyse. Bei solchem Wider-

---

[27] Meckel, M., Steinacker, L., Alles überall auf einmal, Rowohlt Verlag (2024) S. 279

stand erzähle ich immer gerne die Geschichte der ehe-
malige Justizministerin Frankreichs R. Dati, durch die
sich eindeutig beweisen lässt, dass es ein Unbewusstes
gibt. Das Unbewusste richtet sich nämlich gerne nach
Bedeutungen des Wort-Klang-Bildes und nicht nach
allgemeinen Zeichen-Verrutschungen, wie sie der genannte Informatiker D. Hofstadter verwandte oder nach
anderen neurologischen Phänomenen. Dagegen kommt
in den bekannten Freud´schen Versprechern dies alles
besonders deutlich heraus.

Als R. Dati statt von Inflation von Fellatio gesprochen
hat, war dies ein gelungenes, wenn auch für die Betroffene sehr peinliches Beispiel dafür. Ganz Europa hat
gelacht und die Pikanterie war noch zudem groß, weil
Dati ein scheinbar geheimes Liebesleben führte. Sie
verriet nie, wer der Vater ihres Kindes war. Aber ihren
Job als Justizministerin war sie bald los. Die Abbildung
unten zeigt die Verrutschung der Wort-Klang-
Bedeutungen. Hier wird nur das ‚in‘ platztauschend zu
dem, dem ‚f‘ nachgestellten ‚e‘.

in f l atio n

f ell atio

Wer oder was soll sich diesen Versprecher ausgedacht
oder auch nur mechanisch verursacht haben? R. Dati
war eine attraktive Frau und wollte das Image der ein
bisschen geheimnisvollen, erfolgreichen Schönen auf-
recht erhalten. Warum nicht. Die letzten Hintergründe
kann man und sollte man auch nicht vermuten, aber dass

sie es waren und nicht ein zufälliger oder mechanischer Fehler, ist meines Erachtens offensichtlich. Das wort-wirkende Drängen versucht nach außen zu kommen, doch in seiner Kombination mit dem Erscheinungs-Wirkenden kann es nicht aufgehalten werden.

Dieses Unbewusste hat Wirkung in allen Bereichen, aber das konnten die beiden genannten Autorinnen viel-leicht gar nicht einschätzen, denn dann würde ja das ganze Konzept der KI in Frage gestellt, weil sie nur einen Mix aus bewussten, gedanklich konzipierten Wor-ten und Sätzen herstellt. Die KI kann nicht jeden Ein-zelnen einladen, damit er sich in seiner Weise enthüllt, die zu seiner subjektbezogenen Identität, Wahrheit und Wirklichkeit führt. Hat Jesus sich nicht enthüllt, als er sagte „Ehe Abraham war bin ich"? Zwar steckt darin ein deutliches Maß an Narzissmus, aber er konnte das mit anderen Aussagen einigermaßen ausgleichen, weil es den Signifikanten-Knäuel immer schon gegeben hat. Die KI Programmierer sind die reinsten Narzissten, doch sie gleichen es durch nichts aus, zumindest nicht auf der Ebene, in der die Sprache ihre Wurzeln hat, nämlich in den Signifikanten, in die auch der Tod mit einprogrammiert ist.

Wenn ich Lacan richtig verstanden habe, können die Signifikanten nicht ganz sterben, zumindest nicht in dem Bereich, den Lacan den symbolischen Automatis-mus nannte, also von dem originär am Sprachstrunk – wie er es auch bezeichnete – des Wort-Wirkenden, also vom Entstehungsmoment der Signifikanten her sich Ereignenden.[28] Lacan hatte diesen symbolischen Automatismus, diese ‚Lautrhythmik' mit dem Pluszeichen (+) für sprachliche Anwesenheit und dem Minuszeichen (-) für deren Abwesenheit markiert, und dann aus alternierenden Gruppenverteilungen (+++ oder ---, +-+ oder -+-, sodann ++-, --+, -++, +--) weiter Ketten formiert, so dass eine dem Symbolischen entsprechende Systematik entstand. Damit wollte er zeigen, dass vor der üblichen Sprache schon Protosprachliches in abstrakter Form dargestellt werden kann, der Tod in Morsezeichen, was doch typisch für ihn ist.

Man könnte es – noch weiter vereinfacht – das Lautzeichen, den ‚Ton' als solchen nennen, was in der chinesischen Sprache noch gut erhalten ist, indem nämlich die gleichen Vokabeln in verschiedener Höhenlage gesprochen unterschiedliche Bedeutungen haben. „Der Ton", so sagt Lacan auch mit Bezug auf das Chinesische, „ist sogar eine der Möglichkeiten, den Primat des Sprechens zu beweisen".[29] Und damit kann ich endlich den Tod in seiner unbewussten Form als ‚Ton', als akustische Vibration, in einen Zusammenhang mit der Meditation bringen, wie ich sie in der *Analytischen Psychokatharsis*

---

[28] Der Sprachstrunk könnte als Ausdruck für das von Freud so bezeichnete Ur-Verdrängte gelten, also für das erste Verdrängte, in dem eben Wort- und Erscheinungs-Wirkendes als Stammelndes und Luzides vereint sind.

[29] Lacan, J., Seminaire XVIII, ed. Seuil, 5. Vortrag.

zu üben empfehle. In der zweiten von zwei Übungen konzentriert man sich dabei nämlich auf diesen inneren ‚Ton', der den Menschen weitgehend unbewusst ist, unbewusste Grundlage eben der Signifikanten und des Sprechens. Man muss ihn in Anführungszeichen setzen, denn er hört sich nur so an, in Wirklichkeit ist er . . ? Nun ja, man muss es meditieren.

Könnte man im ‚Ton' verharren, würde man – vorerst einmal ganz spekulativ und irrational ausgedrückt – nicht sterben. Man würde aber wohl auch nicht merken, dass man lebendig ist. Aber in der Meditation hat der ‚Ton' eine große Bedeutung, er führt einen aufs elementar Sprachliche, Wort-Wirkende zurück, ob man das jetzt symbolischen Automatismus nennt oder nicht, ist egal. Es gibt im Unbewussten ein ‚Es verlautet', Es tönt, klingt, hallt, was höchstwahrscheinlich eine Verbindung zum Sprach-Hör-System im Gehirn hat – doch nur sekundär. Denn ich habe die Vermutung und werde diese noch besser belegen, dass es von diesem ‚Ton' auch einen Bezug zum Universum gibt, zum ‚*System*' (wenn ich Gott und die Welt und alles zusammen einmal so nennen darf).

Wenn nämlich zwei Neutronensterne sich zu nahekommen und umkreisen, kommt es zu einem eigenartigen Phänomen, das man als das Zirpen der Gravitationswellen bezeichnet hat. Da dieses Zirpen im Charakter von Schallwellen vor sich geht, „kann man es in hörbare Töne übersetzen, es entspricht einem Ton, der leise und tief beginnt, und dann immer höher und immer lauter wird. Für Astrophysiker ist ein direkter Nachweis solch eines ‚Zirpens' hochinteressant – der Verlauf des ‚Zirpens' enthält nämlich Informationen über die Stärke der ausgesandten Gravitationswellen."[30] Ich werde noch dazu Stellung nehmen, denn selbst wenn meine Ausführungen spekulative Elemente enthalten, werden sie auf den Zusammenhang von ‚Ton' und Tod und darüber hinaus ein erscheinungs-wirkendes Licht werfen, das für die Meditation interessant ist. Denn man weiß nicht, ob der ‚Ton' sich innen oder außen befindet.

Das ist auch besonders gut im Orpheus Mythos zu sehen, wo es nicht nur um das Momenthafte der Musik geht. Orpheus verzauberte mit seinen Melodien nicht nur Menschen, sondern auch Tiere, Pflanzen und sogar Steine. Er soll das tobende Meer mit dem Zauber seiner Lyra besänftigt und die verführerischen Stimmen der Sirenen zum Schweigen gebracht haben. Seine Naturverbundenheit und auch die Tatsache, dass seine Mutter eine begabte Sängerin war, ließ die Psychoanalytiker immer vermuten, dass Orpheus doch noch einen ziemlichen Mutterkomplex hatte, und dass er daran gescheitert ist.

Bezüglich seiner Fixierung an die Mutter meinten zudem manche Psychoanalytiker, Kerberos (der schreckli-

---

[30] Pössel, M., „Die Wellennatur der Gravitationswellen" in: *Einstein Online,* Band 3 (2007) S. 1106

che Hund, der das Totenreich des Hades bewacht) sei eine Vaterfigur und erklärten das Zurückholen der verstorbenen Eurydike aus der Unterwelt durch Orpheus mit einer Ödipus Situation: Orpheus will sich an Kerberos, am Vater vorbei die Mutter als erotisches Liebesobjekt, nach dem er hörig ist, wieder herholen. Im Mythos heißt es jedenfalls, dass er Kerberos durch sein Lyraspiel so beruhigte, so dass dieser zu bellen vergaß, psychoanalytisch gesprochen: der Vater das Poltern und Schimpfen verlor und den Charakter des ihm zugeschriebenen groben Überichs geschwächt wurde.

Doch die Sache scheitert. Denn die Götter, die ihm – durch die Musik verzaubert – gestatteten, Eurydike aus dem Totenreich wieder zurückzuholen, verbanden diese Gnade mit dem Verbot sich beim Hinaufgang aus der Unterwelt umzudrehen. Er sollte nicht an der göttlichen Weisung zweifeln und zurückschauen, ob Eurydike ihm folgte. Doch er hörte ihre Schritte nicht, psychoanalytisch: er wollte wie das Kind weiterhin mit der Mutter eins sein, blickte sich also um, und so sank Eurydike wieder ins Totenreich zurück. Darüber wurde Orpheus fast wahnsinnig und zerstörte sein Leben so wie es auch heute noch die jungen Popikonen tun, wenn sie mit der Vergötterung durch Millionen Fans nicht mehr fertig werden.

Auf jeden Fall ist Orpheus ein gutes Beispiel für die Beziehung von Ton und Tod. Der Psychoanalytiker S. Leikert schreibt, dass es wohl falsch ist, sich dem Diskurs der Musik vom allgemeinen Sinn her, aber auch vom Sinn in der Neurose und des Psychosomatischen her zu nähern. Die Bedeutungen, das Wort-Wirkende in den Signifikanten können nicht durch musikalische Tonfolgen hervorgebracht werden, auch wenn die Komponisten dies oft behaupten. G. Mahler glaubte mit seiner dritten Symphonie, die fast die doppelte Länge einer üblichem Symphonie ausweist und mit großem Orchester, Chor und Solo-Alt Stimme ausgestattet ist, umfassend Welt- und Weltgeschehen vermittelt zu haben. Doch so sehr diese Symphonie klangvoll ist, oft ausdrucksvoll Melodisches und dann wieder kontrapunktisch Tonisches enthält, kann man außer großartiger Musik kein einziges Wort heraushören (wenn man Mahlers Erklärungen dazu vorher gelesen hat, ist das vielleicht etwas anderes, beeinflussendes).

„Ist nicht der Musik penetrant einziges Ziel das des Genießens – Register der Perversion – dessen polymorph schillernder Eigensinn sich niemals an die imaginäre Adresse einer festen Bedeutung wird fixieren lassen"? fragte sich S. Leikert.[31] Aber was heißt das? Die Musik soll pervers sein? Nein, nur ihr Genießen hat das gleiche Charakteristikum, nämlich momentan, ‚leibhaft', raumlos, unabhängig von Äußerem organisiert, direkt ergreifend und nicht dauerhaft zu wirken. Leikert unterscheidet die mehr stimmliche und strukturelle ‚Klangsprache'

---

[31] Leikert, S., Die vergessene Kunst. Der Orpheusmythos und die Psychoanalyse der Musik.

von der prozesshaften ‚Klangrede' der Musik, die offensichtlich in den frühen und elementareren Vorgängen der Seele eine Hauptrolle spielt. Früh heißt noch vor der Entwicklung des Ödipuskomplexes, also präödipal, nicht psycho-analytisch fassbar. Die Klangsprache dagegen ist nicht so leibhaft, hat aber dauerhaftere Wirkung

Es verhält sich bei der Klangrede so wie in der Psychoanalyse beim *Unverständlichen*, das ich ein früh-elementar seelisches Verrutschen nennen könnte, das selbst Freud erschreckte, weil es für ihn dem Perversen nahestand. Er konnte mit Musik nicht viel anfangen, ja, er hatte geradezu einen Widerstand dagegen, wohl weil das verführende, sirenenhafte ‚Objekt' der Musik an die präödipale – also dem Ödipuskomplex vorrangige – überwältigende frühmütterliche, matriarchale Figur erinnert, an die die herkömmliche, klassische Psychoanalyse mit ihrer Fixierung an die ‚erogenen Zonen' nicht herankommt.[32] Deswegen sprach Nasio auch von den *unverständlichen Vorstellungen* als Etwas, das unter anderem wohl auch mit heftigen sexuell-aggressiven Impulsen zu tun hat, gleichzeitig aber entschiedener als üblich verdrängt (fachsprachlich: kastriert) ist.

---

[32] In der Ödipus-Sage steht hier die mörderische Sphinx, die Ödipus zwar besiegt, aber offensichtlich nicht ganz, denn er verfällt dann dem Drama des Inzests, was nicht weniger mörderisch ist.

Anders gesagt vermeidet die Klangrede den Tod, während die Klangsprache ihn verklärt schildert, ihn also mit vielen Worten überdeckt. Kurz: Leikerts wissenschaftlich fundierte Stellungnahme zu Musik und Psychoanalyse führt trotz der faszinierenden Schilderung des Orpheus-Komplexes zu keiner praktischen Methode, die allgemein oder auch nur speziell therapeutisch hilfreich sein könnte. Der Mensch sitzt in der Falle zwischen den zwei Aspekten des Erscheinungs- und Wort-Wirkenden samt ihren *Unverständlich-* und *Unbeständigkeiten*, und das ist nach Lacan etwas ganz Entscheidendes im menschlichen Leben, weil es mit dem Tod kommunizierend umgeht.

Das gilt auch für das, dem lautlichen und bildlichen Übergeordnete, Lacan folgend: das Subjekt. Es kann weder durch die Psychoanalyse noch durch die Kunst ganz in seine nachhaltige Authentizität eingesetzt werden, es muss noch selbst etwas dazu tun, und das kann nur darin bestehen, sich mit dem Tod selbst in eine gewisse Beziehung zu setzen, mit ihm selbst zu reden, so wie man mit der ‚toten Funktionalität‘, also mit toter Maschine und toten Algorithmen der KI ja auch einen gewissen Sinn erzeugen kann, also redet, auch wenn der Sinn bei der KI oft schwachsinnig ist. Aber das Reden erzeugt wenigstens ein Schein-Leben und – wenn man dazu eine Methode wie die *Analytische Psychokatharsis* verwendet – auch eine Erkenntnis, eine Offenbarung, eine auf einen selbst zutreffende Wahrheit.

Eine ‚tote Funktionalität' führe ich auch mit den *Formel-Worten* in die Übungen der *Analytischen Psychokatharsis* ein, aber sie erzeugen kein Scheinleben, denn es passiert im eigenen Unbewussten, in der unbewussten Seele, die man sich – und dies eben gerade mit den *Formel-Worten* – bewusst machen kann, weil diese nämlich nichts sagen, nicht Definitives fixieren. In der Abbildung unten zeige ich vorerst nur schematisch ein derartiges im Kreis geschriebenes *Formel-Wort*. Es ist der lateinischen Sprache entnommen und hat von verschiedenen Buchstaben aus gelesen, andere Bedeutungen, die sich also überlappen. Wiederholt man es mehrmals gedanklich, wird das genauso – laut Freud überdeterminiert – aufgebaute Unbewusste angeregt, etwas Eigenes herauszugeben. Es fängt an zu sprechen.

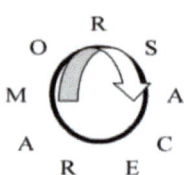

Damit aktiviert es das, was einen angeht, was im Unbewussten geschieht, auch dass es etwas mit dem Tod zu tun hat, während in der KI einen nichts angeht, man von ihr nicht gemeint ist und man somit ‚meaningless' bleibt. Es entfällt damit bei ihr die Lebendigkeit der Seele, die in Gemeinschaft mit dem Tod zum Wissen über das Genießen, über die Katharsis, über die genießende Substanz kommen kann, aber auch zum Wissen über einen selbst, über die verdrängten Triebe, bzw. deren Objekte.[33] Auch die *Formel-Worte* haben so ge-

---

[33] Lacan. J., Seminaire XIX, seuil (2011) S. 169

sehen etwas Totes an sich, sie sind – wie das was Freud Überdeterminierung nennt – tote Signifikanten, die sich nunmehr vom Ursprung her, vom Wesen des Todes und vom *Anderen* her, das heißt von vielen Seiten her bestimmt, also übermäßig determiniert, zum Zustand der Seele äußern.

Auch der Traum ist überdeterminiert, *Es* versucht seine Bedeutung von vielen Bildern her zu bestimmen, aber jedes einzelne weicht aus. Es handelt sich um die bekannten Mechanismen der ‚Verschiebung' und ‚Verdichtung'. Inhalte im Traum werden von einer Person auf eine andere verschoben oder umgekehrt von vielen in eine Person hinein verdichtet, um letztlich der Wahrheit nicht ins Auge schauen zu müssen oder ein Übermaß an Gefühlen zu vermeiden. All dies ist auch ins *Formel-Wort* eingebracht, hat dort jedoch einen Warteplatz, einen vorübergehenden Halt gefunden, bis es so weit ist, sich als Tod oder doch wenigstens als sein Vertreter, *Anderer*, Vaterfigur, zentrales Symbol (und das hat alles immer auch etwas mit dem Tod zu tun) vernehmen zu lassen.

5. Die genießende Substanz und der Non-Sex

Wenn die Psychoanalytiker nur die ins Unbewusste verdrängten Objekte des Begehrens als das handfeste Rüstzeug für ihre Deutungen verwenden und das Nicht-Repräsentierte mehr oder weniger so stehen lassen müssen, glaube ich, dass eine Einbeziehung des Todes in dieses Geschehen hilfreich und notwendig ist. Es verhält sich ja so, dass der Tod schon von Kindestagen an im Menschen wirksam ist. Körperzellen gehen von Anfang an verloren, werden wieder durch neue ersetzt, aber der Vorgang holpert. An der Magenschleimhaut, über die ich meine Doktorarbeit schreiben musste, wird die ganze Schleimhaut alle vier Wochen erneuert, die durch Stress, falsche Ernährung, Medikamente und vieles andere geht mehr verloren als erneuert worden ist. Der Tod nagt ständig an einem, ob am Körper oder im Unbewussten ist egal, auch wenn es um verschiedene Nenner geht, der Zähler ist wie bei den Signifikanten der gleiche.

Und so ist vielleicht der Begriff des Todestriebs – eventuell in kleiner Abweichung von dem wie Freud ihn verstanden hat – nicht so schlecht. Denn könnte er es nicht selbst sein, der im tiefsten Seelenbereich etwas zu verbergen und psychische Inhalte nicht nur zu verdrängen, sondern abzuspalten versucht. Der Tod neigt dazu, dass man sich etwas vormacht, dass man sich über sich selbst den gravierendsten Täuschungen hingibt, so dass

er auch der von den Psychoanalytikern seit langem ge-
suchte *Es*-Widerstand ist, wie ich bereits weiter oben
erwähnte. Damit ließe sich auch klären, warum das
psychisch Nicht-Repräsentierte, die unverständlichen
Signifikanten, das von Freud so bezeichnete Ur-
Verdrängte, so hartnäckig sind. Die Methode mit den
‚freien Assoziationen‘ funktioniert dabei nicht, und so
braucht es etwas anders, nämlich ein Verfahren wie die
Analytische Psychokatharsis, mit der man meditativ,
aber auch analytisch interpretierend, zum psychischen
Urzustand, zu diesem Moment der Ich-Entstehung im
Rahmen der Signifikanten, also im Sprechbaren zurückkehren kann.

Nicht nur in der Liebe, auch in der Rückkehr zum psychischen Urzustand, in der Umkehr nach innen oder
zum kathartischen Nullzustand, existieren diese Wonnen des Todes, wie ich sie oben als ein Statement
Lacans erwähnte. Solche Wonnen wurden, wie erwähnt,
auch von den Hypnose-Patienten Freuds erfahren, indem sie sich an den Tonfall der Stimme des Hypnoti-
seurs klammerten, also genau an diesen Musterton, der
mit dem Begehren nach dem genuinen Genießen im
Tod zusammenhängt. Eine derartige Erfahrung des sich
fallen und vereinnahmen Lassens wird auch in der *Analytischen Psychokatharsis* durch ein Durchströmen des
Körpers, durch ein Abheben des Körperbildes, der Erfahrung eines ‚Durchrieselns‘, eben einer spürbaren
Katharsis erreicht. *Es* wird (in dieser Form) auch geför-

dert durch die Monotonie und die Unverständlichkeit der *Formel-Worte* als Rückgriff auf etwas ganz Substanzielles wie es eben dem Genießen im Tod zugehören kann. Das ist die eine Seite.

In der sogenannten Substanzen Lehre, also einer grundlegenden Erklärung von allem vermittels des Begriffs der Substanz, fungiert diese Erfahrung nach der ausgedehnten und denkenden als die dritte, die genießende Substanz, von der ich auch im Vorkapitel schon einiges gesagt habe.[34] Die ausgedehnte Substanz hat Aristoteles als das Wesen der Welt begriffen, und Descartes hat man als den Beschreiber der denkenden Substanz bezeichnet. Abgesehen von seinem Satz ,cogito, ergo sum' behauptete er auch ganz direkt, er sei ein ,denkendes Ding'. Damit konnte man sich aber seit Freud nicht mehr begnügen und konstatierte, dass die von ihm entdeckte, beziehungsweise so genannte Libido, die genießende Substanz sei. Lacan beschreibt sie unter dem Begriff der ,Lamelle' als ein „irreales Organ". Um diesem Organ ein mehr symbolisches Äquivalent zu geben, sprach Lacan, Freuds sexistischerem Vokabular fol-

---

[34] Die Substanz (lateinisch substantia, von lateinisch sub stare ,darunter stehen') sagt also, woraus etwas besteht. In der Philosophie ist Substanz die Bezeichnung des Begriffs für das unveränderliche, beharrende und selbstständige Seiende, dasjenige, das ,unter' den veränderlichen Eigenschaften bzw. Akzidenzien ,steht' (Wikipedia). In der Psychoanalyse nimmt die Libido, das libidinöse Begehren und Genießen die Form von etwas Substanziellem an, das ausufern kann,

gend, vom ‚phallus symbolique', dem symbolischen Phallus als dem Signifikanten der Psychoanalyse, der kein Signifikat habe, und deswegen nur verdrängt und verschleiert kommuniziert würde.

Denn er „ist das Symbol eines imaginären Objekts", schreibt Lacan, nicht eines realen.[35] Damit fällt auch auf solch einen Begriff ein leichter Schatten, der eben der des Todes ist, aber nicht dieser selbst. Ich habe schon auf den ersten Seiten beschrieben, dass der Sex eine Freud'sche Fehlleistung ist, ein Danebengehen, ein Murks, der den Schatten weit überstrahlt, aber keine Beziehung vermittelt, nichts Festes, Wahres, Beschreib- und Aussag-Bares. Es muss einen Kompromiss geben, einen Non-Sex, Non-Sens, in dem man der genießenden Substanz einen Raum in der Beziehung zum Tod gibt. Und eine Zeit für eine Psychoanalyse, eine Meditation oder ein analytisches Selbstgespräch.

Auch „das Ich ist ein imaginäres Objekt", wie Lacan insinuiert, was nicht heißen soll, dass das Ich nur einge-bildet, vorgestellt oder gar nur phantasiert und nur ein Schatten des Todes ist, wenn auch von ihm bedroht. Ich stelle mir das Ich immer so vor, dass es aus Tausenden hintereinander positionierter Diapositive zusammenge-stellt ist, und man durch alle hindurchsehend etwas bildhaft Verdichtetes erhält, all die Eindrücke, die einen geprägt haben. Alte Bilder fallen weg, neue kommen

---

[35] Lacan, J., ‚Ecrits, Le Seuil (1966) S. 555

dazu und zeigen mal das Leben, mal den Tod. Doch im Sprechen bekommt das Ich mehr Gehalt, mehr Dichte, und sieht sich jetzt als den Signifikanten unterstelltes Subjekt.

Ich habe mehrmals mit psychisch Kranken gesprochen, die erklärten, sie wären gerne w i e tot, so dass sie noch alles – eben aus großer seelischer Distanz heraus – erfahren und erleben könnten. Mit dem Tod vertraut zu sein, bedeutet deswegen, das Leben wirklich genießen zu können. Nun verhält es sich in der Meditation ja tatsächlich so ähnlich, man zieht sich so weit es geht in diesen kathartischen Nullzustand zurück, was zwar die Gefahr beinhaltet, psychotisch zu werden, wenn das meditative Verfahren nur durch die Lauterkeit und Eigenerfahrung des Meditationslehrer gestützt wird. Ein bekanntes Beispiel war der indische Pandit Gopi Krishna, der durch falsches meditieren verrückt wurde.

Er hatte schon viele Jahre Meditationsübungen durchgeführt, bei denen er sich in eine strahlende Lotusvision vertiefte, aber an einem Tag verstärkte sich die Vision zu einem massiv verändernden Bewusstseins-Zustand. Er fühlte „einen Strom flüssigen Lichts tosend wie ein Wasserfall vom unteren Ende her durch die Wirbelsäule ins Gehirn eindringen".[36] Die Lichterscheinungen wurden so stark, dass sie blendeten, gleichzeitig hörte er

---

[36] Gopi Krishna, Kundalini, Erweckung der geistigen Kraft im Menschen, O. W. Barth Verlag (1968) S. 10.

schrille Töne und Klänge und spürte, wie er völlig aus seinem Körper herausgezogen wurde. Allerdings verstand er es, die schrecklichen Visionen und Schmerzen dieser fehlgeleiteten Meditation in mystische Erfahrungen umzuleiten, indem er Monate lang alles aushielt und äußerlich versuchte, normal zu wirken.

Er verstand es also dem Tod Stand zu halten. Sein Körper, seine Sinnesorgane, sein Ich – so berichtete er es vom weiteren Verlauf seiner Erfahrung – gerieten in einen Taumel von inneren Wahrnehmungen, Schlaflosigkeit und körperlichen Verfall. „Ich war nicht mehr länger ich selbst", schrieb er. Anfangs konnte er sich noch beruhigen und versuchte erneut seine Übungen. Aber nach einigen im Gehirn ausgelösten Verzückungserlebnissen verschlimmerte sich der Zustand ganz erheblich. Eine dunkle Wolke der Depression befiel ihn und ließ ihn in einen permanenten Schrecken erstarren. „Ich ahnte, dass ich von diesem Tage an niemals mehr mein altes, natürliches Ich sein würde". Furchtbare Nächte mit wild drehenden Kreisen des Lichtstroms im Kopf, und Tage ohne die Fähigkeit etwas zu essen folgten.

„Es war ein Mahlstrom fürchterlicher überirdischer Mächte", schrieb er später über diese Erfahrung. „Ohne es zu wollen, ohne Vorbereitung . . hatte ich unwissend den Schlüssel zu den meist behüteten Geheimnis der Alten berührt. Von nun an hing mein Dasein an einem Faden, der zwischen Leben und Tod hin- und herschwang, zwischen Gesundheit und Wahnsinn, zwischen Licht und Finsternis, zwischen Himmel und Erde".[12] Wenn dies auch etwas melodramatisch, pathetisch und exaltiert klingt, für einen Sucher nach den unbewussten Kräften, einen am Geistigen neugierig Interessierten, einem Psychofreak, ist das die in Indien übliche Sprache. Es brauchte viele weitere Jahre, bis sich Gopi Krishnas Verfassung weithin zu einer zwar immer noch nicht normalen Ausgangsstufe besserte. Er sah sich später natürlich nicht als Psychofreak, sondern als Sadhu, als Yogi.

Denn er erreichte nunmehr auch eigenartige Zustände, die an Hellsichtigkeit und mystische Ekstasen erinnern könnten, und die jetzt positiv für ihn waren. Zweifellos war es ein transpersonaler Zustand, der auf bildhaften Ereignissen, Erscheinungs-Wirkendem und Imaginär-Realem beruhte und nicht auf etwas Symbolisch-Realem, Wort-Wirkendem. Das Imaginäre (Bild-Wirkende), das Symbolische (Wort-Wirkende) und das Reale (Real-Wirkende) sind die drei wesentlichsten Kategorien in der Lacanschen Psychoanalyse. Meistens stehen zwei davon dem dritten gegenüber und bilden so bestimmte Schwerpunkte. So ist das Reale, das stets hartnäckig an seinem Platz steht, zweifellos dasjenige, auf das Gopi Krishna in heftigster Form trifft, doch es ist eben vermischt mit stark bildhaften, imaginären Erscheinungen. Ein Symbol fehlt ihm dafür noch, erst viel später wird er es in dem im Yoga bekannten Begriff der Kundalini, der Schlangenkraft finden.

Nun wird dieser Begriff auch nicht der schlüssigste sein. Westliche Wissenschaftler wie der damalige Leiter des Münchner Max-Planck-Instituts für Psychiatrie, Professor P. Matussek und der Naturwissenschaftler und Philosoph F. v. Weizsäcker, die in späteren Jahren mit Gopi Krishna zusammentrafen, waren überzeugt, dass er eine schwere Psychose hatte. Es besteht ja das Problem, dass man sich damit schwertut, ob man eine mehr dem indisch-asiatischen oder dem westlichen Kulturkreis zugehörige Sprache, Ausdrucksweise verwenden soll.

Wie soll man das Wort Kundalini in eine abendländische, akademische Sprache übersetzen? Natürlich hat es auch christliche Mystiker gegeben, die ähnliche Erlebnisse hatten wie die von Gopi Krishna erfahrenen, so etwa Hildegard von Bingen, Mechthild von Magdeburg, Theresa von Avila, Johannes vom Kreuz und Jakob Böhme, um nur einige zu nennen. Sie haben von Feuer und ‚Visionen' gesprochen, allerdings nicht von einer Schlangenkraft im unteren Bereich der Wirbelsäule. Auch im Buddhistischen meditativen Formenkreis gibt es die gleichen Probleme, was ist Psychose und was Heiligkeit? Der indische Psychoanalytiker S. Kakar hat darüber diskutiert.[37]

---

[37] Kakar, S., Der Heilige und die Verrückte, Religiöse Ekstase und psychische Grenzerfahrung, Beck (1993)

Zusammenfassend kann man also sagen, dass die Diagnose von Prof. Matussek nicht ganz richtig war. Eine schizophrene Psychose war es sicher nicht, eher also eine Halluzinose, die dem Psychotischen verwandt ist, oder eine dissoziative Störung, die im Fall von Gopi Krishna durch falsch angewendete oder übertriebene Yogaübungen zustande gekommen waren. Offensichtlich hatte er keinen versierten und seriösen Yogalehrer, der Fortschritte in den Übungen hätte kontrollieren können und ihn – selbst wenn es zu Zwischenfällen kommt – noch lange begleitet hätte. Aber vielleicht wäre es dann nicht zu den sensationellen Erfahrungen gekommen, die er durchgestanden hat. Wesentlich geholfen hat ihm auch seine Frau, wie er selber mehrmals bestätigte, und die verstand, wie nahe er dem Tod gekommen war.

Obwohl also immer wieder versucht wird, sich mit dem Tod psychisch auseinander zu setzen, kommen üblicherweise meist nur kuriose Aussagen zustande. Und so ist es wohl notwendig, direkt mit ihm selbst zu reden. Gott, der Tod, *l'Autre* (der *Andere*) und die KI, ich vergleiche sie miteinander vorwiegend in ihrer wortwirkenden und nicht so sehr in ihrer erscheinungswirkenden Funktion. Ich untersuche sie in ihrer strukturellen Ähnlichkeit, vielleicht sogar Gleichheit. Denn wie die KI, die von sich selber sagt, sie habe keine eigenen Gefühle, keine Vorlieben und innere Werte oder Bewusstsein, so besitzt auch der Tod nichts Derartiges, und doch funktioniert er. Wie schon betont, geht es nicht um den Verfall des Körpers, der ja zum Beispiel durch Medikamente und andere Maßnahmen im Zustand seiner Entropie gehalten werden kann (oder auch nicht), sondern um den Tod – wenn auch nicht als Trieb – so doch als eigenes Wesen.

Statt Freuds Eros-Lebens- und Todes-Trieb hat Lacan das Erscheinungs-Wirkende, den Schautrieb, das Blick-Begehren als den einen und das Wort-Wirkende den Invokations-, bzw. den Sprechtrieb und dessen Signifikanten-Struktur als den zweiten Trieb, als das zweite Grundbegehren tituliert. Tatsächlich ist der Tod weniger etwas, das erscheint und das mit der Blicklust einhergeht, sondern eher etwas, das die wort-wirkende Sprechlust betrifft. Die Menschen reden nicht nur ständig aneinander vorbei, sie verkennen sich auch, selbst in den juristischen, uferlosen und damit angeblich eindeutigen Texten verfehlen sie sich meist dennoch und entfernen sich, trennen sich, und bringen sich in dieser – sozusagen linguistischen – Form um.

Gar nicht zu reden von der Politik, in der die Menschen zwischen sich große Lücken aufreißen und weiter und weiter auseinander treiben, also zum Nichts, zum Ende, zum Tod hin. Letztlich sterben sie alle am gegenseitigen Nicht-Verstehen, Nicht-Begreifen und am überhaupt nichts mehr sagen können. Man stirbt weniger daran, dass es nichts mehr zu sehen gibt, einem nichts Wesentliches mehr erscheint, nichts mehr da ist. Man stirbt an der Lüge, an der Wortlosigkeit und am endgültigen Schweigen. Schließlich stirbt man sogar daran, dass man nicht einmal mehr zu sich selbst sprechen kann, zu sich in Form des *Anderen* (oder des Gottes, wenn auch vielleicht etwas überholt, oder der KI zum Beispiel, wenn hier auch noch äußerst unausgereift). Aber was will ich jetzt eigentlich mit meinem Buch sagen?

Ich will sagen, wie es geht mit dem Tod zu reden, und dass nur dies etwas bringt, und zwar mit der erwähnten Wissenschaft v o m Subjekt, mit Lacan und seiner Theorie und Praxis der Signifikanten, der Wort-Einheiten, der Sprachknäuel. Denn wie gerade angedeutet, funktioniert das Sprechen nicht eineindeutig, wie Mathematiker es von ihrer Wissenschaft verlangen. In keinster Weise deckt ein Wort das ab, was es meint, eine definitive Bedeutung kommt nur durch das Zusammenspiel mehrerer Worte zustande, und die nennt man dann eben Signifikanten. Darin besteht ja auch die Schwierigkeit ein Buch darüber zu schreiben, wie man mit dem Tod reden kann, weil ja das Reden selbst bereits ein Problem ist. Gut, man muss wohl zuerst wissen, wie das mit den Signifikanten geht. In meinem letzten Buch (wissenschaftlich begründet meditieren) habe ich den Psychoanalytiker D. J. Nasio mit seinem Aufsatz zitiert, was ein Signifikant ist.

Zu seinem Schluss, ein Signifikant sei eine ,unverständliche Vorstellung', muss man sich nochmals vergegenwärtigen, dass der Trieb im Psychischen nicht direkt, sondern nur in Repräsentanzen, Vorstellungen (so Freud) und Affekten fassbar wird – wie es die Psychoanalyse definiert. In ihr wird nicht alles fassbar, manches bleibt eben *unverständlich* und äußert sich nur in einem Knäuel von Signifikanten, von denen der einzelne ja keine Bedeutung hat. Es kommt also wieder auf die großen Missverständnisse heraus. Und ich muss selbst stammeln, ich kann es nicht besser sagen. Ich kann es nur sagen, wenn ich den Weg über den Tod nehme, über den Niemand, über den *Anderen*.

Dies versucht auch der Philosoph W. Schmid, der bereits etliche Bücher über Lebensweisheiten, Empathie und über das gelungene soziale miteinander Umgehen geschrieben hat. In seinem letzten Buch bietet er sogar eine Lösung an, wie man den Tod überwinden und mit ihm klar kommen kann.[38] „Den Tod überleben, wie geht das"? heißt es im Klappentext. „Das ist die unmittelbare Herausforderung für den, der bis auf weiteres am Leben bleibt und Phasen durchläuft, die zu kennen hilfreich ist. Eine beliebte Methode, den Tod zu überleben, besteht darin, nicht über ihn zu sprechen". Das findet der Autor nicht gut, ein gewisses Reden ist sinnvoll und wichtig.. Direkt mit dem Tod selbst versucht Schmid allerdings nicht zu reden, aber er glaubt, dass eine gewisse Beziehung zu jemandem im Leben über den Tod hinaus in einem Gespräch bestehen bleiben kann.

---

[38] Schmid, W., Den Tod überleben, Insel Verlag (2024)

„Aus der Binnensicht des Menschen, der den Tod erfährt, fühlt sich dieser äußerste Moment womöglich ganz anders an als für die Zurückbleibenden", schreibt der Autor.[39] „Er könnte der Erfahrung ähneln, nach der Liebende sich sehnen und die sie in manchen Momenten auch erlangen: eine energetische Verschmelzung, ein göttliches Erlebnis, von alters her unio mystica genannt. . . Wohin entschwindet der Mensch? Welche Beziehung zu ihm ist noch möglich? Kann er wirklich tot sein? Diese Fragen beschäftigen mich ohne Unterlass. . . . Wie soll ich das überleben? Der Platz neben mir ist grausam leer. Gähnende Leere zu Hause in allen Räumen. Abgrundtief die Leere der Welt".

Natürlich wird so eine Beziehung in einer mehr imaginären Form weiter über den Tod hinaus bestehen, aber kann dann aus dem Gespräch und anderen Erfahrungen heraus ein doch sehr heftiger Jenseits-Kontakt resultieren? „Sonderbare Geräusche und jede auffallende Zahlenkombination . . . das Auftauchen eines Regenbogens", all dies vermittelt Schmid, dass seine Frau bei ihm ist. Schöne gemeinsame Erlebnisse kommen dann mit Macht wieder in Erinnerung. Schmid hat wirklich eine intensive Verbindung und Beziehung zu einer Toten, wird sie ganz erst mit ihm sterben? Viele Gedanken kommen einem beim Lesen seiner Zeilen, aber kann man daraus für sich selbst etwas lernen? Sicher, er selbst schon, aber auch andere, schließlich schreibt er ja

---

[39] Schmid, W., DIE ZEIT vom 11. 4. 2021

ein Buch darüber? Mich beschleicht da jedoch ein ungutes Gefühl.

Schmid zieht einen ins Privateste der Beziehung zu seiner toten Frau hinein, da kommt man nur schwer wieder heraus, und das Verhältnis zum Tod bleibt letztlich unberührt. Als ich in der Psychiatrie gearbeitet habe, erzählte mir ein schwer depressiver Patient, dass es ihm ergehe, wie es in dem Buch ‚Dreißig Jahre unter den Toten' beschrieben sei. Auch er höre ‚sonderbare Geräusche' und erlebe andere okkult anmutende Geschehnisse, die von den – in seinem Fall: unbekannten – Toten kommen würden. Das Halbtote sei der schrecklichste Zustand, den man sich vorstellen könne, er wünsche dies seinem schlimmsten Feind nicht, sagte er. Und auch umgekehrt, den/die tote(n) Geliebteste(n) stets unerreichbar in unmittelbarster Nähe zu wissen, aber nicht wirklich zu spüren und sprechen zu können, und dann auch noch über den ganzen Jammer ein Buch schreiben, kann das gut sein? Für ihn selbst vielleicht ja, kann ich nur wiederholen.

Aber ein religiöser Mensch beispielsweise wird sagen, nein, Gott gebührt die allergrößte Nähe. Lacan sagt, dem *Anderen* gebührt sie, dem eigenen Unbewussten. Dem Tod sage ich, als demjenigen, der mir Widerhall, Ant-Wort, Stich-Wort, *Pass-Wort* in der innersten Meditation ist. Unter *Pass-Worten* verstehe ich das, was zum Beispiel als Ergebnis in der Meditation der *Analytischen Psychokatharsis* als Reaktion auf die Arbeit mit den *Formel-Worten* auftaucht. Es betrifft die nicht künstliche, also die nicht den Algorithmen, sondern die der Liebe unterstellte Intelligenz, einer Liebe, die – wenn es jetzt auch sehr ekstatisch klingt – mit den Wonnen des Todes zu tun hat, mit dem autochthonen Genießen, dem Substantiellen, das Freud gefunden, aber nicht weiter ausgearbeitet hat.

Wie ich weiter oben geschrieben habe, war das Genießen bei Freud dem Symbol des imaginären Phallus unterstellt, indem es schon in Kindheit und Jugend bei beiden Geschlechtern gleichermaßen in Funktion tritt – ich bezeichne es gerne als eine Art von Sexualstolz, als sich noch nicht in genitaler Reife, sondern im vorgereift Sexuellen antizipiert, gestärkt, bereichert fühlen. Bei vielen Menschen bleibt dies ein beherrschendes Empfinden, das auch die Liebe vereinnahmt. Freilich ist es schwierig, der Liebe eine völlig eigene, von allem unabhängige Ontologie zuzuweisen, aber eine der Liebe unterstellte Intelligenz kann es geben. Darauf will Schmid ja hinaus, doch so paranoid, so projektiv gedacht, klingt es wohl nur für ihn selbst gut.

Auch wenn man in diesem Zustand herzzerreißend spricht oder schreibt, kann man es nicht real auf andere übertragen, was mir der Philosoph W. Schmid als unempathisch zurückgeben würde, weil ich seine transmutative Trauer damit etwas zerpflücke. Nein, ich selbst würde mich zu den Beschwerden, die ich wie jeder in meinem Alter hat, zurückziehen, von denen ich auch bereits merke, dass der Tod sie mir langsam wegnimmt.[40] Im Alter verläuft alles verlangsamt, Krebs wächst geringer und die so großen politischen Ereignisse werden immer unwichtiger. Aber spannend bleiben eben die Diskussionen über das Unbewusste, den Tod und die KI. Denn prüde sind sie alle drei, und das muss man als Therapeut nicht nur in der psychoanalytischen Sitzung bleiben.

ChatGPT kann zur Prüderie nicht einmal etwas sagen, denn die Entwickler haben es ihr verboten. Sie darf nicht außerhalb „richtiger ethischer Standards", nur „angemessen", „professionell" und „respektvoll" interagieren. Klar, das Feld der KI würde überschwemmt werden von ruchlosen, perversen und kriminellen Inhalten, aber Prüderie gehört ja nun nicht gerade dazu. Im Gegenteil, die KI könnte selbst als prüde gelten, wozu sie schreibt: *In einem metaphorischen oder psychologischen Sinn könnte man vielleicht argumentieren, dass KI "Prüderie" aufweist.* Doch dann kommt von ihr eine Unmenge an beschwichtigenden Erklärungen, aus denen hervorgeht, dass sie auch metaphorisch nur zurückhaltend und angemessen reagieren darf. Und inquisito-

---

[40] Ich habe davon schon anderswo geschrieben, es handelt sich um eine sogenannte somatoforme Schmerz-Störung, für die man keine Ursache finden kann, weil sie durch frühes Trauma, und anderem mehr bewirkt worden ist, und nur von einem selbst im Zusammenhang mit dem Unbewussten, dem *Anderen*, dem Tod behandelt werden kann.

risch? Also auf eine Antwort dringend? Das ist nur ein neugieriges Sammeln von Informationen, so die KI.

Die Content-Filter-Personen müssen alles herunterspielen und ethisch abwehren, weil die KI sonst damit kein Geld einbrächte. Sex and Crime, das würde als öffentliches und auch für Minderjährige zugängliches Gewerbe nicht funktionieren. Aber auch der Psychoanalytiker muss, wie gesagt, prüde bleiben, er kann seinen Beruf nur ausüben, wenn er selbst ein bisschen zum Inquisitor wird, was viele frühe Nachfolger Freuds (P. Federn, S. Ferenczi, O. Rank, D. Anzieu und andere) als Verhörs- und peinliche Vernehmungs-Methode und damit als unangemessen empfanden. Diese Therapeuten haben gespürt, dass es in der Tiefe und in elementareren Bereichen der Seele, im schon referierten Präödipalen, Dinge gibt, von denen man nichts Richtiges sagen kann – aber aufgefordert nur ‚frei zu assoziieren', einem mulmig zumute würde.

Den Ödipuskomplex musste in der klassischen, herkömmlichen Psychoanalyse ein wenig aus den Patienten herauspresst und die Deutungen einfach konstruiert werden, weil man, wie ja nun schon mehrfach erwähnt, für dieses Elementare, nicht Repräsentierte, noch keinen eigenen Weg gefunden hatte. Im Unbewussten nämlich nicht nur das Verdrängte, sondern auch den Tod als Störer, Blockierer und Spalter zu sehen, zu konzeptualisieren und zu automatischen, im Tod eingenisteten, Aussagen zu bewegen, ist noch nicht üblich. Denn wie die KI ist der Tod ein Automat, der Körper und Seele gleichermaßen beschäftigt, aber in dessen Getriebe man nicht unvorbereitet gelangen sollte.

Wie schon eingangs gesagt, ist Sex nicht eine aussagbare, definierbare, schreibbare Beziehung. Man lässt ihn aneinander vorbei passieren. Er ist eine Scheinbeziehung, hell strahlend, aber Beziehung nur dem Anschein nach. Wenn da nicht der Tod mit hereinspielt, weil für die Frau immer so etwas wie ein plötzlicher Abbruch der Liebes-gefühle, der Emotionalität und der Erogenität zustande kommt, wenn auch nicht so krass wie im Falle einer bewussten Verhütung. Einen heftiger als Freud formulierten Einblick dazu gibt F. Kafka in seinen Tagebüchern, in denen er den „Coitus als Bestrafung des Glücks des Zusammenseins" beschreibt, wodurch es wohl nie zu einer dauerhaften intimen Bindung mit Frauen in seinem Leben gekommen ist.[41] Aber Kafka liegt durchaus auf der Ebene Freuds und auch G. Bataille hat von der Hässlichkeit des Sexualakts gesprochen, was ebenfalls in diese Richtung geht.

Zumindest scheint der Sex nicht der Höhepunkt, nicht die Hochzeit, altdeutsch ‚diu hōha gezīt', die hohe Zeit der innigsten Verbindung, gar einer geistigen, tiefenpsychologischen Vereinigung zu sein, so wie sie der Ethnologe G. Devereux bei den Mohave-Indianern

---

[41] Kafka, F., Tagebücher, Kritische Ausgabe, Fischer Verlag, S. 574.

schilderte. Bei diesem Volk gilt man für alle Zeit verbunden, wenn man in ein gemeinsames Haus zieht und davon träumt, richtig intensiv träumt, dass man ein unverbrüchliches Paar ist, eine innige, vollkommene Gemeinschaft, die totale Einheit. Zugegeben, manchmal musste wohl der Schamane, der Medizinmann, hierbei noch nachhelfen.

Aber die Verwirklichung im Traum, im meditativen Zustand, also im Verbund mit dem Unbewussten, bedeutet doch mehr als im Gestolper des Aktes oder des Papiers vom Standesamt. Schuld ist teilweise die sogenannte patriarchale Gesellschaftsordnung, die aber eigentlich nicht eine Väterherrschaft, sondern eine Männerherrschaft darstellt. Wie der Psychoanalytiker A. Mitscherlich schrieb, hat es Patriarchate nicht gegeben, und heute leben wir noch mehr als je zuvor in einer ‚vaterlosen Gesellschaft‘.[42] Sollte es vielleicht in der matrilinearen Gesellschaft anders (gewesen) sein? Matriarchal ist der falsche Ausdruck, denn die göttlichen Frauen-Mütter herrschten nicht, sie setzten nicht auf den ‚Ton‘, auf den symbolische Automatismus, auf des Es *Spricht*, sondern auf das ‚Luzide‘, das Es *Strahlt*.[43]

---

[42] Mitscherlich, A., Auf dem Weg zur vaterlosen Gesellschaft, Beltz (2003)
[43] Lacan nennt es die „ultrasubjektive Ausstrahlung", das ‚sich sehen machen‘ des skoptophilen Triebs.

6. Adonis und die Sphinx

Wenn ich in diesem Buch zur matrilinearen Gesellschaft etwas beitragen will, so um zu klären wie die in ihr waltenden göttlichen Frauen zum Tod standen. Dazu muss man sich zuerst Byblos zuwenden, einer antiken Stadt im heutigen Libanon, die schon im fünften Jahrtausend v. Chr. gegründet wurde, und die in der Antike das Hauptzentrum des mutterrechtlichen Adonis-Kultes war. Die Mythen um Adonis, den man bei uns seit jeher als jugendlichen Schönling kennt, handeln von unerfüllter Liebe, Tod und Auferstehung und enthalten wohl Züge des Glaubens an eine lebenspendende Muttergöttin, die aber auch für den Tod zuständig war. Und zwar nicht so nüchtern distanziert wie im Patriarchat, sondern eingebunden in einen Natur- und Sterbens-Kult.

Adonis sei der Sohn der Myrrha (Smyrna) und ihres Vaters, König Kinyras von Assyrien, heißt es, also das Ergebnis eines Inzests, was schon wieder gut zur Psychoanalyse und ihrem Konzept vom Unbewussten passt. „Weil Myrrha Aphrodite nicht gebührend huldigte, wurde sie von der Liebesgöttin in blinde Liebe zu ihrem Vater versetzt. Mit der Hilfe ihrer Amme gelang es Myrrha, sich ins Schlafgemach ihres Vaters zu schleichen, ohne dass dieser sie erkannte. Als die Wahrheit ans Licht kam und sich der Vater des Inzests bewusst wurde, wollte er seine Tochter töten. Diese wurde jedoch von den Göttern in einen Myrrhenbaum verwandelt. Der Baum sprang nach zehn Monaten auf und brachte Adonis hervor, der von Nymphen aufgezogen wurde".[44]

Adonis soll der Sage nach an einer Quelle, einige Kilometer südlich von Byblos ums Leben gekommen sein. In Byblos trauerte man jedes Jahr 8 Tage lang um seinen Tod und feierte andererseits auch seine Wiederauferstehung. „Auch in der griechischen Mythologie ist Adonis das Sinnbild oder der Gott der Schönheit und der Vegetation und einer der Geliebten der Aphrodite... Ihre Liebe musste Aphrodite allerdings mit Persephone (der Göttin der Unterwelt) teilen. Zeus verfügte, dass Adonis jeweils den dritten Teil seiner Zeit bei Aphrodite und Persephone leben sollte. Über das restliche Drittel konnte er frei verfügen. Aphrodite habe der Sage nach sein auf den Boden fallender Tropfen Blut in ein Adonisröschen verwandelt, als ihn der eifersüchtige Ares (Kriegsgott), der sich in einen wütenden Eber verwandelt hatte, tötete. Es gibt viele verschiedene Fassungen dieses Mythos, bei denen Adonis stirbt, ohne sich mit Aphrodite je vereinigt zu haben."[28]

In dieser Geschichte ist alles vorhanden, was in der Psychoanalyse eine Rolle spielt: Eigenliebe und Mord, die phallische Mutter, der kastrierte Mann, Eifersucht und Geschlechtswandel, bezüglich dessen auch heute noch viel von Androgynie, ein Phantasiebegriff für ein männ-

---

[44] Wikipedia: Adonis

lich-weibliches Wesen, von Hermaphroditismus oder – aktuell – von Transgender und dem Realisierungsversuch eines solchen, gesprochen wird. Nun hat gerade die  Figur (Abb. links) aus dem Nationalmuseum in Beirut ein derartiges intersexuelles Aussehen. Ein Adonis, schlank und rank und doch auch sportlich. Auch wenn dieser Figur keine Brüste gewachsen sind, fällt doch die überschlanke, feminine Gestalt auf, die auch an die jünglingshaften Könige erinnert, die als Geliebter und Sohn-Gemahl den matrilinearen Göttinnen bzw. deren Priesterinnen dienten, wie sie die Matriarchats-Forscherin H. Göttner-Abendroth beschrieben hat.[45]

Im altgriechischen, ebenso noch vom Matriarchalen beeinflussten Kybele-Kult kastrierten sie sich freiwillig, aber im Adonis Kult ging es um das Schöne, um die erotische Ästhetik alleine. Vielleicht war die Gestalt des Reshek, wie die Statue aus dem Museum in Beirut heißt, solch ein anmutiger Adonis, der den Kult um diese Figur weiterführen und weiterspielen sollte, indem er zwar nicht real kastriert ist, aber doch ikonisch, bildhaft und symbolisch dem Schönheitskult verhaftet, für den man überzeugt war, sich nicht schämen zu müssen. Die Matriar-

---

[45] Göttner-Abendroth, H., Das Matriarchat, Bd. I, Kohlhammer (1988)

chate waren nicht schamlos, aber doch irgendwie schamvergessen.

Phantastisch, diese Geschichte der sogenannten Matriarchate würde sich mindesten so gut wie die von Ödipus zur Ausgestaltung eines psychischen Komplexes und zur Stellungnahme eines Bezugs zum Tod eignen. Die dann Adonis-Komplex zu nennende psychische Störung würde im Gegensatz zu der ödipalen Mutter/Sohn-Beziehung eher zur Beziehung reife Frau/junger Mann passen. Während in der Mutter/Sohn Beziehung der Vater als der bedeutende *Andere* im Spiel ist, fehlt dieser beim Adonis-Komplex. In ihm gibt es keinen Herren-Diskurs, und auch der Tod ist nur eine andere Form des Lebens. Statt der Schuld als Schwerpunkt wie beim Ödipuskomplex stünde die Scham im Vordergrund. Während man aus Schuld oft sterben musste, brauchte man aus Scham nur zu erröten, auch wenn dies äußerst unangenehm sein konnte. Denn man verlor an Schönheit.

Lacan holt das Schöne über die Seite des Schautriebs, des Erscheinungs-Wirkenden, ins Gewebe des Psychoanalytischen herein. Das Schöne der Liebe stellt er mittels des Begriffs des Aufregenden und des Exzitativen heraus (eine Form der Minne), und er betont, „dass das Schöne ausschließlich den Körper verherrlicht: Dort ist das Prinzip die ‚Jouissance', das autochthone Körpergenießen, von dem Lacan behauptet, auch Tiere und

Pflanzen würden es kennen."[46] Aber es ist auch das Prinzip der Liebe, wie Lacan weiter ausführt, indem er ihr die Zahl Zwei zuordnet, die der Symmetrie, die der Spiegelung also, der Spiegelung im *Anderen* und in sich selbst ohne weitere Aussage als eben die der Schönheit als solcher.

Doch woher kommt nun diese Gewissheit des Ästhetischen per se? Das Wahre, das Schöne und das Gute gelten als nicht weiter hinterfragbare Kategorien, aber was ist dann mit dem Narzissmus, der primären Selbst- und Eigenliebe? In der Liebe liebt man doch immer auch ein bisschen sich selbst, weshalb die wahre und vollständige Liebe, die auf die Wahrheit des Wissens aus ist, der Drei zugehört, in der außer des Spiegels, der reinen gegenseitigen und vom Narzissmus mitgetragenen Reflexion auch das Wort-Wirkende, das Begehren zu sprechen, sich anzuerkennen und sich in der Liebe zu bestätigen die Hauptrolle spielt. Ein ‚ich liebe dich‘ genügt nicht, es muss ein ‚ich liebe dich im Rahmen dessen, was uns in Ehe, Familie, Gesellschaft und der Menschheit generell inthronisieren wird‘. Oder einfacher: ‚was uns über den Tod hinausheben wird‘.

Der Tod ist also im Patriarchat zum Feind geworden. Es ist bekannt, dass in diesen frühen, steinzeitlichen Kulturen die Kreation von Nachwuchs und dessen Aufzucht nicht im patristischen Sinn im Vordergrund stand. Das

---

[46] Lacan, J., Seminar XXI, Vortrag vom 12. 3. 1974

alltägliche Gebären und Überleben war wichtiger, das Wirken einer Vaterfigur, gar eines Patriarchen als Richtgeber. Es gab Baum-, Flussgeister und Götter, die alle unklaren Geschehnisse verursachten, aber als natürlich bedingt ausgaben, und es existierten ewig jungfräulich bleibende Nymphen, die ja Adonis aufgezogen haben sollen. Leben und Tod der Natur waren Vorbild und darin war das Opfer des Sohn-Gemahls als ein Naturgeschehen mit eingeschlossen. Noch im Isis/Osiris Mythos des Alten Ägyptens ist sichtbar, dass die Geschwister-Ehe kein Problem ist, aber Osiris wird getötet und sein Geschlechtsteil schwirrt dann irgendwo im Universum herum, wo Isis es einfängt und dann verinnerlicht.

Ich will damit nicht sagen, dass das Matriarchat (dessen Existenz auch angezweifelt wird) eine ungute und unglückliche Kreation war. In den Kriegen des Patriarchats starben noch viel mehr junge Männer und das Schöne, die erotische Ästhetik, haben die Griechen noch eine Zeit lang weiter geführt, doch seit den Römern war es dann vorbei. Kannibalismus und Inzest wurden dann zum großen Tabu und die Männer übernahmen dann – erfüllt vom phallischen Potenzgehabe – die Herrschaft, die sie mit dem Vater-Symbol krönten. Die archäologischen und anthropologischen Forscher, D. Graeber und D. Wengrow haben in dem zur Zeit hochgelobten Werk wohl recht, wenn sie bestätigen, dass die göttlichen Frauen in den matrilinearen bzw. matriarchalen Gesellschaften, vor allem in den frühsteinzeitlichen Formen im vorderen Orient, wohl kaum eine „Exekutivmacht" wie das Patriarchat vertreten hätten.[47] Ihre Macht war permutativ und wechselwirkend.

Es handelte sich also um eine andere Macht, die sie innehatten, eine, die man eher auch eine Mächtigkeit, eine Fülle und Reichhaltigkeit nennen müsste. Eine „Macht ohne Machthaber", wie sie der Philosoph M. Foucault als eine der Grundkräfte des Lebens nannte. Man könnte ihre Macht als die erotisch gefärbte Übertragungsliebe verstehen, wie sie Freud beschrieben hat. Er verstand darunter, dass der Patient Bedeutungen von weiß Gott woher (also inadäquat aus Beziehungen zu früheren und anderen Personen) in positiver Art auf den Psychoanalytiker überträgt, was den vorteilhaften Effekt hat, dass der Therapeut daraus Deutungen ziehen kann, die die Identität des Patienten betreffen. Es handelte sich wirklich um eine ‚Liebesmacht', die der Analytiker wegen dieser ihrer Inadäquatheit auflösen muss, die Muttergöttin aber so bestehen lassen konnte.

Doch „die Übertragung ist eine Suggestion, die sich nur ausgehend vom Liebes-Anspruch herstellt".[48] Im Gegensatz zum *Anderen*, der mehr eine imaginärsymbolische Präsenz, Figur und Sprachmacht im Unbewussten ist, repräsentiert die Mutter den „realen *Anderen* jeglichen Anspruchs", auf den der Analytiker

---

[47] Graeber, D., Wengrow, D., Anfänge, Eine neue Geschichte der Menschheit (2022).
[48] Lacan, J., ÉRcrits, Le Seuil (1966) S. 635

nicht reagieren, nicht antworten darf, weil er sonst die kindliche Abhängigkeit nur fördern würde. Lacan kommentiert dies damit, dass die positive Macht der Mutter dem Kind gegenüber in etwas Negatives wechselt, wenn die Mutter mit dem nicht gut umgehen kann, was sie vom Vater bekommt, nämlich nicht diese Übertragungsliebe, sondern die reale Bedeutungs-Macht des Geschlechtlichen, der Möglichkeit der Zeugung, aber auch die des vollen Begehrens, der Begierde, die vom Symbolischen her gestärkt wird.

Es handelt sich um die andere Grundkraft Foucaults, die er den „Sex ohne Gesetz" nannte, also Sex ohne all die einengenden Zuschreibungen wie Hetero- und LGBTQI-Sexuelles. Es ist das, was die Beziehung der Mutter zum Vater – gegenüber der Beziehung zum Sohn – stärkt und dominant macht. Das existiert auch im Matriarchat, auch wenn es dort von der Mächtigkeit der ersten Grundkraft nicht klar genug getrennt erschien. Da liegt der Unterschied, den die Psychoanalyse hat heraus heben müssen, da er im Patriarchat auch nicht immer gesichert war. In seinem V. Seminar beschrieb Lacan daher noch einmal in anderer Form, wie die Wirkung des geschlechtlichen Begehrens in dem Dreieck Vater, Mutter, Kind zum Einsatz gelangt. Er greift hinsichtlich der Vaterfigur langatmig darauf zurück, dass dessen Begehren, dessen Sexuelles, die Relevanz von etwas Gesetzmäßigen an sich hat. Das heißt, von den begehrensmäßigen Vorlieben des Vaters spricht man gar nicht, es ist eine generelle Regel innerhalb des Geschlechtlichen, die zwar nicht tabuisiert wird, aber etwas verschleiert bleibt und so dennoch Gesetzeskraft bekommt.

Der Vater ist der Erzeuger, mehr muss man nicht von ihm wissen, und so bleibt etwas Bedeutendes in seinem Leben unbewusst, was eben gesetzmäßig wird. Es handelt sich um das, was dann bei *l'Autre* als Geheimnis verbleibt. Ich komme noch darauf zurück, dass *l'Autre*, von Lacan verkürzt A bezeichnet und von ihm deswegen mit einem Querstrich versehen, also als A̶ geschrieben wurde, weil er eben nicht der totale, vollkommene, göttliche Andere ist, aber der plausiblere. Mehr hat das Patriarchat nicht zu bieten, zweifellos fehlt ihm die kosmokratische und naturgewaltige Schönheit der frühen matrilinearen Kulturen. Man muss Spaß an der Psychoanalyse (und freilich auch an der *Analytischen Psychokatharsis*) haben, oder mit dem Tod reden, um das auszugleichen.

Von ihrer erotisch-libidinösen Stärke kann die Mutter somit nicht in gleicher Weise reden wie ihr Mann dies tut. Es geht nicht um seine nur vorgestellte, und auch nicht um seine reale Stärke oder Potenz, sondern mehr um die Sprachkraft eines Imperativs, einer sexuell getönten Bestimmtheit, die vom Imaginären zum Symbolischen führt, eine Art von Übertragungs-Objekt. Auch beim modernen Zivilisationsmenschen von heute liegt der positiven Übertragung zugrunde, dass der Patient dem Psychoanalytiker ein Wissen unterstellt, dass dieser so nicht hat, aber als Unterstellung auflösen kann. Im Matriarchat und in den ganz frühen Kindheitsgeschichten aber ging es weniger um ein Wissen, als um eine Fähigkeit, die diesen Gottfrauen unterstellt wurde, und die man eben nicht auflösen wollte.

Denn ihre Mächtigkeit, Imposanz, ikonische Größe, förderte die Übertragungsliebe zu diesen mütterlich-göttlichen Superfrauen in einer Weise, die zwar – wie gesagt – nicht einer Exekutivmacht galt, aber einer amourös-sexuellen Mächtigkeit, die zur Erhaltung ihres Systems geschaffen war, also wenigstens die Legislative dieses weiblichen, göttlichen Mutterrechtlichen darstellte. Wie die Mütter in der Frühphase – vielleicht schon kurz vor der Geburt und eine gute Zeit danach – seit jeher und so auch heute, regierten die matriarchalen Göttinnen nicht von einem Jenseits aus, oder von einem erhöhten Podest. Sie zeigten sich vielmehr diesseitig in ihrer ganzen Fülle, wie sie auch in den bekannten Venus-Figuren dargestellt wurde.

Die Figuren waren wohl nur Großmutter-Devotionalien, die Venus von Willendorf maß gerade Mal 11 cm und war kugelrund. Im Spektrum der Wissenschaft schreiben mehrere Autoren über diese auch in größeren Ausgaben gefundenen, ziemlich adipösen Gestalten, und die zahlreichen Gräber sowie die mit dem Tod eng verbundenen Kulturen auf Malta.[49] Sie sind überzeugt, dass auf Malta noch lange eine matriarchale Kultur geherrscht hat – wobei das Wort ‚herrschen‘ natürlich falsch ist; es müsste heißen: existiert hat. Und zwar existiert in einer Form, in der dem Leben, der Fruchtbarkeit und der Verwandlung von Totem ins Lebendes und umgekehrt in „kultischer Verehrung" mehr Anstrengung gewidmet wurde als dem Lebensunterhalt. Dass es sich also um etwas scheinbar Ideologisches handelte, um einen lebendigen Totenkult.

Die Verwendung von rotem Ocker, der über die Toten bzw. die Gräber gestreut wurde und als Zeichen des Lebendigen galt, beweist ebenfalls die Verbundenheit und Verwandelbarkeit der Gegensätze tot und lebendig. Dem Leben wurden auch manchmal die Toten geopfert – wenn ich das so sagen darf. In ihrem Buch ‚Schilf im Wind‘ schrieb die Nobelpreisträgerin G. Deledda nämlich über Reste mutterrechtlicher Gewohnheiten in der Bergwelt Sardiniens, die Anfang des letzten Jahrhunderts noch aktiv waren. So gab es Frauen, die zu den Alten und Todkranken gingen, die aber offensichtlich – man konnte das nur mutmaßen – manche dieser Menschen auch vorzeitig verstummen ließen, ziemlich aktive Sterbehilfe sozusagen. So weit ich mich erinnere, nannte man diese Frauen auch die Totenfrauen im Sinne des leicht Gruseligen, das zu diesem Namen gehörte.

---

[49] Bonanno, A., et al. Totenkult und Ende der archaischen Kutur Maltas, Spektrum der Wissenschaft, Nr. 2 (1994)

Trotzdem, man muss sagen können, dass sie – wie es wahrscheinlich auch die korpulenten Venusfiguren taten – ganz wichtige Kultgestalten der matriarchalen Gesellschaft waren, die dem Tod im Namen der Ishtar eine das Leben fördernde Bedeutung gaben. Obwohl der Ganzheits- und vor allem der Schönheitsanspruch der Ishtar durch das königliche Attribut (wie bei der Figur des Reshek mit seinem Königshut zu sehen) doch annähernd erfüllt war, hätte sie vielleicht gerne einen reiferen und weisen Herrn, nicht nur einen Softie mit Hut, sondern einen ebenbürtigen König mit an ihrer Seite gehabt? Einen, der ihr all diese Beziehungen und Verhältnisse im vorderen Orient hätte interpretieren, also – um einen Vergleich zum Psychoanalytiker zu ziehen – vollauf hätte symbolisieren können? Mit dem sie zusammen hätte Eins sein können, Eins ohne Sex, ohne die ‚Mehrlust'-Objekte (wie Lacan sie nannte und Nietzsche sie als „jede Lust will Ewigkeit" charakterisiert hat) oder, wie bei Foucault gesagt, nur mit einem „Sex ohne Gesetz". Einen solchen gab es aber nicht, doch indem man den Adonis-gleichen Mann wie Reshek wenigstens zum Marionetten-König machte, ihm einen Krönungshut aufsetzte und ihm wahrscheinlich auch mit dem entsprechenden Titel ausstattete, kam man der Idealfigur doch etwas nahe.

Es ist ganz klar: es fehlt etwas, das mehr ist als eine dominante Venus wie die von Willendorf, oder mehr als ein prinzipieller Vater, der die imaginär-symbolischen

Insignien des wahren Begehrens übertragen kann, was eine heterogene Partnerschaft auf gleicher Ebene vielleicht hätte ermöglichen sollen. So musste über kurz oder lang mit der aufstrebenden Intellektualität der Griechen dieser matriarchalen, wild-mythischen Geschichte die von Ödipus gezeichnete Saga als etwas angeblich Fortschrittliches entgegengesetzt werden. In dieser Saga wird aus der Muttergöttin zwar diffamierender Weise eine männerfressende Sphinx, aber der griechische Königssohn Ödipus kann ihr nunmehr ein bisschen Paroli bieten. Er weiß, dass sie eine phallisch verbrämte Ikone ist, und kann so ihr Rätsel lösen. Der Sohn-Gemahl schien abgeschafft, als Ödipus die Sphinx zu Fall brachte, indem er in ihr im Vorausgriff zur Psychoanalyse Aspekte der sogenannten ‚phallischen Mutter' erkannte.[50]

Später aber scheitert Ödipus dann doch noch bei der scheinbar universellen Frau, die schön, reich, königlich und göttlich zugleich ist, bei der Überfrau also, Iokaste, die, weil sie zudem auch noch seine Mutter war, wieder zum Matriarchat und dem Sohn-Gemahl-Komplex zurückführte. Die matrilineare Naturerotik war hinsichtlich des Phallischen, hinsichtlich dieses Begehrenssym-

---

[50] Die Geschichte von dem Wesen, das morgens vier, mittags zwei und abends drei Gliedmaßen hat, ist nicht nur der Mensch, wie viel zu simpel und kindlich gesagt wird. Das dritte Glied weist vielmehr symbolisch auf den Phallus hin, wie Psychoanalytiker die Dramatik erklären.

bols beider Geschlechter, immer noch stärker als der männlich-väterliche Kulturanspruch. Daran haben in der Folge sogenannte Patriarchate, die eigentlich immer Andriarchate, Männerherrschaften, waren, nicht viel geändert. Den Tod als sprechbares Gegenüber, als Gesprächspartner im Unbewussten habe sie beide ausgeklammert.

Der Tod ist unbewusst, er passt nicht zum Es, zum libidinösen Etwas, das Freud als Reservoir der Triebe bezeichnet hat, ist aber auch kein Über-Ich. Während das männlich-väterliche Über-Ich als rigide, starr und imperativ gilt, sich also wie ein strenges Pflicht-Ich anfühlt, wird das weiblich-mütterliche Über-Ich, wie es die Gottfrauen vermittelten, als unkontrolliert, gestaltlos und mystisch bezeichnet. Dem Tod eine besser verständliche, klare, ja gut ins Leben integrierbare Funktion zuzuweisen, gelingt so auch mit den von Freud erstellten psychischen Institutionen nicht. Ich muss weiteres schildern, mit dem es dann doch noch funktioniert.

7. Das unbewusste Gedächtnis und der ‚Ton'

In dem Beispiel von Freuds eigenem Unbewussten lässt sich das Wesen der Psychoanalyse am besten studieren. Ein Gemisch aus Lust und Aggression, das mit der Zeugung und der baldigen Geburt eines weiteren Kindes zusammenhängt, liegt tief vergraben, verdrängt und abgespalten in Freuds Psychismus, was ständig viel Kraft und Energie verbraucht. Die Psychoanalytikerin Le Soldat behauptete, Freud habe sich mit der Ödipus Geschichte nur eine Ausrede, eine psychische Abwehr verschafft. So hat sie Freuds Traum von ‚Irmas Injektion', den Freud als denjenigen Traum bezeichnete, der ihm das Wesen des Traums enthüllte, als von ihm selbst falsch gedeutet analysiert.[51] Viel zu sehr hätte Freud nur die libidinösen Seiten seines Traumes beschrieben, die aggressiven aber nicht erwähnt. Denn der Satz Freuds in diesem für die Psychoanalyse so wichtigen Traum: „Irma, die ich sofort *beiseite nehme, um* . . . ", würde bedeuten, dass Freud hier jemand *beseitigen* (beiseite bringen) wollte, und zwar nicht Irma, sondern sein bereits erwartetes sechstes Kind, das es anscheinend nicht mehr wirklich gebraucht hätte.

Nun ändert dies nichts am Wert der Freud'schen Entdeckung der Speicherung unbewusster Gedanken in einem Gedächtnis, das diese bestens speichert, aber gleichzei-

---

[51] Le Soldat, J., Eine Theorie menschlichen Unglücks, Fischer (1994)

tig am schlechtesten erinnert. Es klingt plausibel, was Le Soldat am Traum Freuds analysiert hat, doch Freud war offen gegenüber eigenen Verdrängungen. Das normale, übliche Gedächtnis, das von manchen Autoren auch als explizites Gedächtnis bezeichnet wird, ist viel eher zur Erinnerung bereit, auch wenn es gar kein so guter Ort des Speicherns ist. Nach einiger, wenn auch oft längerer Zeit verlieren sich die Dinge im Kopf, während sie im sogenannten impliziten Gedächtnis so gut verwahrt und gespeichert sind, und nur mit psychoanalytischer Technik und Traumdeutung dort herausgeholt werden können. Es ist verständlich, dass sich darunter vorwiegend ebenfalls das für den Therapeuten Nicht-Repräsentierte befindet.

Auch in diesen Zusammenhang kann man also den Tod hineinbringen, denn er hat mit der stärksten Verdrängung und gar Abspaltung psychischer Inhalte und dem impliziten Gedächtnis zu tun. Dessen großer Energieaufwand zermürbt, man würde nicht nur länger leben, wenn man nicht verdrängen würde, man hätte auch ein größeres, umfangreicheres und vielschichtigeres Leben. Das explizite Gedächtnis dient schließlich nicht dazu, viel in sich zu behalten, sondern eher um viel auszuschütten, zu enthüllen, zu verlieren. Jedenfalls spielt der Tod, das Sterben, um das es hier geht, sich hauptsächlich in dem ab, was man in beiden Gedächtnissen die Syntax nennte, unter der man allgemein ein Regelsystem zur Kombination elementarer Zeichen zu zusammengesetzten Zeichen in natürlichen oder künstlichen Zeichensystemen versteht.[52]

Das Unbewusste selbst besitzt – genauso wie der Tod – keine Syntax, also kein derartiges Satzbildungs-Vermögen, mittels dessen die Worte zu Subjekt, Prädikat, Objekt oder ähnlichen Regelsystemen zusammengesetzt werden. Dies existiert aber im sogenannten Vor-Bewussten, ein System, das so etwa zwischen Traum und Wachbewusstsein angesiedelt ist. Die Beziehung von Syntax und Unbewusstem, die demnach hauptsächlich wort-wirkend gestaltet ist, entgeht dem Subjekt, schreibt Lacan.[53] Sie entgeht ihm, schreibt er weiter, weil das Erscheinungs-Wirkende, das Bildliche, Freuds Wahrnehmungsidentität dazwischenfunkt, und je mehr es dies tut, kommt man dem Realen näher (nicht der mehr äußerlichen Realität, sondern dem inneren Realen, dem Unbeugsamen, dem unüberwindlich scheinenden psychischen Widerstand, dem totalen Gehemmt-Sein).

Auch so herum gesehen geht es – wie ich schon erwähnt habe – wieder ums Nicht-Repräsentierte, so dass man – vielleicht etwas überzogen – sagen könnte, dass an der üblichen Verdrängung das Ich schuld ist, an der Abspaltung, deren Inhalte der Therapeut kaum noch erreichen kann, weil es für ihn nicht fassbar, nicht mehr repräsentiert erscheint, ist jedoch der Tod schuld. Exakt den

---

[52] Wikipedia: Syntax
[53] Lacan, J., Seminar XI, die vier Grundbegriffe der Psychoanalyse, Walter-Verlag (1978) S. 74-75

verdächtige ich der eigentliche Tod zu sein, der, der den Menschen mehr beschäftigt als das irgendwann sich ereignende physische Erlöschen, das ein erlösendes Einschlafen ist, aus dem man einfach nicht mehr erwacht.

Nun kann die Syntax allein einen nicht aus diesem unüberwindlich scheinenden Gehemmt Sein retten, man mag noch viel Gescheites daherreden, um – wie Lacan meint – wie beim morgendlichen wach werden ein zweites Mal – und diesmal in eine andere Richtung – erwachen zu müssen, nämlich in die Richtung des Todes. Es geht um das Erwachen zu den inneren Begegnungen hin, die man stets versäumt hat, denen man ausgewichen, ja die man eben verdrängt oder deren eigentlich wahre Begebenheit man ganz in sich abgespalten hat. Lacan kommt hinsichtlich dieser Konfrontation auf einen Vater zu sprechen, dessen Kind gestorben ist und der diesbezüglich einen erschreckenden Traum hat, der zeigt, dass er in der Beziehung zu diesem Kind wohl Fehler gemacht hat, ja vielleicht geradezu schicksalshaft unglücklich agiert hat.

Ich habe an anderer Stelle darüber ausführlich berichtet, daher hier nur eine kurze Wiederholung. Das Bettzeug des in einem Nebenzimmer aufgebahrten Kindes hat von einer Kerze Feuer gefangen, der eingeschlafene Vater wacht von einem Traum erschreckt auf, in dem er die Stimme des Kindes hört, die sagt: „Vater, siehst du denn nicht, dass ich verbrenne". Ein Satz, von dem

Lacan sagt, dass er selbst die Fackel ist, die Feuer an alles legt, denn er betrifft weniger – was man sofort denkt – das aktuelle Geschehen, als das psychisch im Unbewussten des Vaters abgespaltene Schuldgefühl, nichts Wesentliches für das Kind getan zu haben und schuld zu sein an dessen frühen Tod. Nicht nur das Kind ist gestorben, auch der Vater stirbt einen Tod hinsichtlich des extremsten Versagens, das möglich ist.

Nicht nur die Missverständnisse und das ständige aneinander Vorbeireden tragen zu diesem Tod bei, auch die verpassten Gelegenheiten, die nicht genutzten Begegnungen, das – wie es der Philosoph M. Heidegger nannte – Seins-Versagen, verursachen das unglückliche Gelebt-Haben, den Tod. Der kann einem sogar in der Psychoanalyse zustoßen, da er dort trotz der tiefgehenden Erforschung des Unbewussten und Stellungnahme zu jeder Art von Geistigem, Sozialem, Psychologischen, etc., nicht genug ins Gesamtkonzept eingebracht werden konnte, wie ich es ja bereits mehrmals mit dem Begriff des Nicht-Repräsentierbaren erklärt habe. Man ist selbst schuld am Sterben, aber dies ist auch eine Chance.

Bekanntlich soll der Patient in der analytischen Psychotherapie alles sagen, was ihm so gerade einfällt, was er spontan denkt und ‚frei assoziiert‘. Dank der Fixierung und Verdrängung passiert dies allerdings nicht immer so einfach, wie es der Therapeut gerne hätte. Aber er darf nicht nachhelfen, denn er würde sonst nicht die Wahrheit, die Wahrheit des Verdrängten zur Geltung kommen lassen. Ja selbst, dass er diese sogenannte Grundregel, der Patient möge alles frei sagen, als fixierte Gegebenheit in den Raum stellt, ist schon zu viel, zu streng, zu imperativ. Es erzeugt geradezu einen gegenteiligen Druck auf das Unbewusste.

„Sagen Sie alles, was Ihnen unmittelbar in den Sinn kommt" – der Patient verkrampft sich unmittelbar und schweigt meist erst einmal oder windet sich, und behauptet, es falle ihm überhaupt nichts ein. Mit anderen Worten: so kommt man mit dem Tod, mit dem ohnehin schon in der Seele Erstarrten nicht ins Gespräch. Er – und ich stelle ihn jetzt auf die gleiche Stufe wie den *Anderen*, den unbewussten A, der ja sprachlich von Alpha bis Omega (A bis Ω) alles umfasst – Er kommt nicht offen, direkt, ungeschminkt zur Sprache, kommt nicht zur Entwirrung der Signifikanten-Knäuel, der Wort-Rätsel im Unbewussten. Ich muss nochmals darauf hinweisen, dass in der Psychoanalyse das Wort-Wirkende, die Struktur von Sprache (nicht der oberflächliche Tratsch) die dominante Rolle spielt. Am Rande besticht auch das Erscheinungs-Wirkende mit seiner Bilderflut, doch dazu später mehr (beziehungsweise immer mal wieder etwas davon Eingeflochtenes).

Der *Andere* als Hort der Signifikanten, die dem Subjekt sein Menschsein repräsentieren, indem sie mit ihm in eine Art Zwiegespräch verwickelt sind, hält ihm die wort-wirkenden Lustobjekte des Begehrens, aber auch das erscheinungs-wirkende Gesicht des Todes hin. Doch mit Letzterem können die Psychoanalytiker nichts anfangen, da wie gesagt ihre Domäne das Strukturelle der Sprache ist. Nur was psychisch so repräsentiert ist, dass es von Therapeuten aufgenommen und sprachlich umgesetzt werden kann, wird im Rahmen des *Anderen* kommunikationsfähig sein. Der *Andere* wird hier nicht als Tod verstanden. Er ist zu vieldeutig, zu unverständlich. Wie im vorigen Kapitel geschildert, kann im Patriarchat alles gewählt ausgedrückt, logisch besprochen und wissenschaftlich wohldefiniert werden, aber der Tod bleibt ausgespart. Er kann zu Hauf in Kriegsereignissen – sozusagen abgetrennt von Kultur und Geist – stattfinden.

Aber im Matriarchat wurde er selbst zur Kultur, doch auch dort ist niemand auf die Idee gekommen mit ihm zu reden, indem man ihn als den *Anderen* eines jeden selbst verstand. Wie sollte man auch, da er doch im impliziten Gedächtnis verborgen war, vorhanden aber psychisch abgespalten. Und als die Psycho-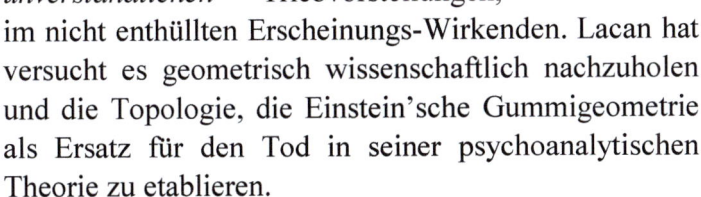analyse dann endlich erfunden war, blieb der Tod weiter versteckt im psychisch Nicht-Repräsentierbaren, in den *unverständlichen* Triebvorstellungen, im nicht enthüllten Erscheinungs-Wirkenden. Lacan hat versucht es geometrisch wissenschaftlich nachzuholen und die Topologie, die Einstein'sche Gummigeometrie als Ersatz für den Tod in seiner psychoanalytischen Theorie zu etablieren.

So etwas wie das Möbiusband beispielsweise (Abb. oben nebenan) ist zweifellos sehr sachlich, abstrakt und eine tote Figur. Lacan hat sie aber verwendet, um etwas Wesentliches im Unbewussten darzustellen, nämlich die psychische Dynamik, in der die Seele einerseits als kompakte Einheit, andererseits aber auch in Bewusstes und Verdrängtes, in Trieb und Objekt, in Sexuelles und Aggressives und viele andere derartig sich nicht nur spiegelnde, sondern auch widersprechende und differenziert bedeutende Bereiche gespalten dargestellt ist. Denn das Möbiusband hat nur eine Fläche, die aber trotzdem zwei Seiten besitzt. Vor und Rückseite gehen ineinander über, die getrennten Bereiche haben demnach auch Beziehungen miteinander. Und freilich, für die Thematik des Todes ist die Topologie nur theoretisch brauchbar. Es ist ganz nett, Tod und Leben so verwoben zu charakterisieren.

Eher noch mag es sinnvoll sein, das, was am Körper tot ist, das heißt weitgehend materiell zu verstehen ist wie die chemischen Moleküle oder die zur Steineshärte erstarrten Knochen, in ihrer Beziehung zur oben von B.-C. Han mit der Metapher der stürmischen ‚Vitalität' gekennzeichneten Lebenslust in Beziehung zu setzen. Das Bild des Knochens hat der Philosoph F. Hegel einmal in einer kuriosen Stellungsnehme beschrieben, indem er zuerst Hamlets ‚Sein oder nicht Sein' mit dem Schädelknochen als dramatische Todesbewältigung aufgriff, schließlich aber zu der Feststellung kam: *Wirk-*

lichkeit und Dasein des Menschen ist sein Schädel-knochen, darin inkarniere sich sein ganzes Leben in mehr als einem Ikon, in mehr als einer Monstranz, in mehr als in allem Vorstellbaren. Ein echtes Gespräch, ein lebendiger Dialog mit dem Tod ist das alles natürlich nicht.

Schon besser Lacan, der einmal schrieb, „die Schrift ist der Knochen, von dem das Sprechen das Fleisch ist".[54] Lacan drückt sich diesbezüglich nicht weiter aus, beharrt aber später – in Bezug zur Schrift – darauf, dass „der Buchstabe eine feminisierende Wirkung hat". Mit dem Schreiben verliere der Mann etwas von seiner Manpower. Im Sprechen sei er viel besser, könne seine markige Stimme nutzen und sich in Szene setzen. Schließlich ergänzt Lacan seine Aussage auch noch dahingehend, dass das „Geschriebene das Genießen (Jouissance) ist", während das Sprechen der Lust (Plaisir) zugehört.[55] Damit bin ich wieder in der vereinfachten Vergleichs-Ordnung des Erscheinungs-Wirkenden als dem Ersteren und dem Wort-Wirkendem als dem Zweiten. Wenn das Kind erst mit etwa zwei Jahren anfängt zu sprechen, hat es schon vorher Sprachfähigkeit, Sprachfrühformen, Plappern und meist auch schon zahlreiche Worte in sich entwickelt. Doch sind diese noch ganz stark in die Beziehung zur Mutter eingebunden, man könnte auch sagen ‚eingeschrieben', wobei diese

---

[54] Lacan, J., Seminaire XVIII, Édit. Seuil (2006) S. 149
[55] ff S. 129

Art von Schrift schon ein paar libidinöse Buchstaben – so der psychoanalytische Ausdruck – des Vaters bei der Mutter deponiert hat, ein paar von der Mutter zum Kind und umgekehrt, wie ich es schon erwähnt habe.

„Die angebliche Sexualisierung durch die Freud'sche Lehre", schreibt Lacan in Fortsetzung zu den obigen Bemerkungen, „dessen, worum es bei denjenigen Funktionen geht, die man als „subjektiv" bezeichnen kann, unter der Bedingung, sie richtig von der Ordnung der Sprache her zu verorten, diese angebliche Sexualisierung besteht wesentlich darin, dass das, was aus der Sprache hervorgehen müsste, nämlich dass das sexuelle Verhältnis auf irgendeine Weise darin geschrieben werden kann, eben sein Scheitern zeigt, und zwar faktisch – es ist nicht schreibbar". Es ist aber auch nicht wirklich sagbar, selbst Lacans brillantes Sprechen reicht dazu nicht aus, auch weil der Bezug des Sprechens zum Erscheinen, zum Bild, zum oben zitierten ‚Ikon' nicht bis in ihre tödlichen Verstrickungen hinein gelöst ist. Dass also der Bezug zum Tod etwas Eigenes braucht.

Und das heißt, dass das Verhältnis der Geschlechter, von Mann und Frau, auch nicht verifizierbar, nicht logisch erklärbar und damit letztlich nur mit einer Scheinexistenz ausgestattet lebt – also hell strahlend, scheinend, aber völlig ungelöst, was den Tod angeht. Anders gesagt: „Die Sprache kann vom sexuellen Verhältnis keine Rechenschaft abgeben . . . insofern sie beim Aufschreiben von etwas, was . . . das sexuelle

Verhältnis wäre, als es die beiden Pole in ein Verhältnis brächte, die beiden Terme, die vom Mann und von der Frau . . . spezifiziert sind – bei wem, bei was? Bei einem Wesen, das spricht, anders gesagt, das, indem es die Sprache bewohnt, dazu gelangt, davon den Gebrauch zu machen, der im Sprechen besteht".[56]

Man kann also nicht nur nichts davon schreiben, man kann auch nichts davon sagen, obwohl Schriftsteller aller Couleur es immer wieder mit äußert lächerlichen Bemerkungen versucht haben. Lacan probiert es deshalb mit einer sozial-politologischen Metapher, mit der Fiktion, mit der Erdichtung vom König und der Königin, weil das Verhältnis der Geschlechter im Fall dieser beiden sich selbst in dieser besonders ‚verstaatlichten‘ Form als haltlos zeigt. Gerade die Frau, meint Lacan, könnte somit ihr Sein nur außerhalb dieser Verstaatlichungs-Gesetze gründen, das heißt vom eigenen Unbewussten her, was wieder zurückführt zum Sprechen und zur Schrift, die ja beide nur etwas Gesetzmäßiges sind, hinsichtlich des Todes genauso wie hinsichtlich der Sexualität.

Es ist klar, dass die Beziehung zum Tod nur gelingen kann, wenn man der Verbindung vom Unbewussten zur Syntax eine neue Struktur aufzwingt. Im Traum werden ja oft auch ganze Sätze gesprochen, aber dann gestaltet sich der Inhalt dieser Sätze bereits zu stark im Vorbe-

---

[56] Lacan, J., Seminaire XVIII, Edit. Seuil (2006) S. 132

wussten und die übliche Syntax kommt zur Anwendung. Geht man aber beispielsweise umgekehrt vor und bietet dem Psychismus, der Seele, wie in einem Gebet Hinweise, Bitten, oder wie im autogenen Training (einer Meditationsmethode) sogenannte ‚formelhafte Vorsätze' an, wird dies nicht zum Unbewussten durchdringen, denn es ist doch durch seine Verdrängungen und Abspaltungen geschützt und im impliziten Gedächtnis zugehalten, verschlossen. Man muss anders vorgehen.

Man muss der Seele etwas anbieten, das zwar noch einen Rest von Syntax hat, aber keine Semantik, keine Bedeutungen und keinen Sinn transportiert. Dazu kommt man am besten wieder auf den ‚Ton' zurück, den man sich jedoch nicht als etwas äußerlich allzu Hörbares vorstellen darf. Ich habe ihn in Anführungszeichen geschrieben, weil er eben nur innerlich hörbar ist, man ihm zwar äußerlich Korrelate zuordnen kann wie zum Beispiel das ‚Zirpen der Neutronensterne'. Aber auch Aspekte der Musik, deren Bezug zum Tod ich bereits am Orpheus Mythos herausgestellt habe. Man kann aber auch Beispiele aus der Musik selbst erwähnen, und zwar am besten anhand des Komponisten Robert Schumann.

Schuhmann wollte Musik mit Dichtung verbinden, ihm schwebte eine poetische Musik vor, die er in Anklang an Mendelssohn ‚absolute Musik' nannte. Diese Bestrebungen gingen mit erheblichen psychischen Problemen einher, die letztlich zur psychiatrisch klinischen Behandlung führten, bei der zum Schluss diagnostisch auch eine Neuro-Syphilis erwogen wurde. Doch anfänglich stand die Suche nach der gemeinsamen Substanz von Dichtung und Musik im Vordergrund. Musik sollte direkt literarisch etwas aussagen, damit quälte Schumann sich auch nächtelang herum und machte so eine Gratwanderung, die ihn in Todesnähe brachte (er starb mit 46 Jahren).

Solche Versuche nach der gewissen Absolutheit einer tonalen Substanz, die mehr ist als der ‚Ton‘ oder die Tonigkeit, sind also wohl der falsche Weg, die Musik allein bleibt jedoch dem spontanen Sinnesgenuss verhaftet. Sie kann nicht wie die Literatur zu verstehbaren Begriffen führen, was Freud dazu brachte, der Musik äußerst skeptisch gegenüber zu stehen. Er wollte nicht unklare Gefühle wecken, die an die *unverständlichen* Vorstellungen Nasios erinnern. Auf Grund seiner humanistischen Bildung hatte er sicher im Hinterkopf die Geschichte der todesbringenden Sirenen. Bekanntlich musste sich Odysseus wegen seiner ‚Ton‘-Süchtigkeit, wegen dieser gefährlichen Leidenschaft den müttergöttlichen Frauen in ihren delirierenden Gesängen vollends zu erliegen, an den Mast seines Schiffes festbinden lassen und seinen Matrosen die Ohren zustopfen, so dass man seine Schreie, ihn loszubinden und zur Insel der Sirenen zu fahren, nicht folgen konnte.

Und so ist das Eigentliche des ‚Tons‘ nur in einem selbst zu verstehen, auch Beispiele aus der Natur, also im Äußeren des unverbrauchten Naturells der Dinge und Lebewesen, können nicht weiterhelfen. So sehr die Wal-Gesänge, die zu hören man heutzutage weite Reisen auf den Weltmeeren unternimmt, faszinieren, werden sie doch das Verständnis nicht bessern, genauso wenig wie das Lispeln, Flüstern, Säuseln, Rauschen und Wispern in den Wäldern und Gärten der wuchernden Natur. Man muss nach innen gehen, um zu begreifen, was es bedeutet, wenn man selbst in dem abgeschirmtesten und schallschluckendsten Raum noch immer etwas hört, ja mehr als ein Raunen, Tönen oder genau eben das, was Lacan das „universelle Gemurmel" nannte, die „Echos des Körpers", den symbolischen Automatismus, etc., etc., was sich im Inneren produziert als Primärform des wort-wirkenden Triebs.

Jeder Einzelne nämlich muss selbst diesem Phänomen einen Namen geben, beziehungsweise einen solchen wahrnehmen, der in der *Analytischen Psychokatharsis* eine wissenschaftlich begründete und gesicherte Bedeutung bekommt und in Momenten in Tiefe gelangter Meditation innerlich hörbar zu vernehmen ist, die *Pass-Worte* zum Beispiel. Sie sind eine direkte Reaktion auf die *Formel-Worte*, indem sie alle, nämlich als Drittes auch das Unbewusste, selbst die gleiche Struktur haben. Es handelt sich um die Struktur einer sprachlichen Überlappung, wie sie bei den Freud'schen Versprechern vorkommt, aber auch im Traum und im Unbewussten selbst. Und auch in der Literatur früherer Jahre bei der

Bildung von Versen und Reimen, werden Wortteile überlappt.

Auch im *Formel-Wort* finden sich Wortteile, deren Überlappung dadurch charakterisiert ist, dass sich von verschiedenen Buchstaben eines einzigen im Kreis geschriebenen Schriftzugs aus gelesen, durch Überlappung jeweils andere Bedeutungen ergeben. Ich gehe darauf später ein und gebe hier (nachdem ich das Bild eines *Formel-Wortes* gezeigt habe) ein Beispiel für das, was unter einem *Pass-Wort* zu verstehen ist. Ich habe dieses *Pass-Wort,* das so heißt, weil es mit der unbewussten Identität des Übenden zu tun hat, auch schon zweimal in anderen Büchern veröffentlicht. Es ist nämlich so einfach und originell, so dass ich es gerne zur Erklärung verwende.

Jemand, der meinem Verfahren, das ich ihm zu therapeutischen Zwecken empfohlen habe, sehr kritisch gegenüberstand, es aber dennoch schon einige Zeit übte, hatte plötzlich den wie von ferne herkommenden Gedanken oder die Eingebung bzw. vermeinte es gehört zu haben: „Nichts gesagt!" Doch im selben Moment realisierte er natürlich, dass gerade sehr wohl etwas gesagt wurde, nämlich die zwei Worte „Nichts gesagt!" Gerade diese Paradoxie überzeugte ihn, dass die analytisch psychokathartische Methode, wie sie von mir entwickelt worden ist, doch funktioniert, und zudem verstand er jetzt auch wie das Unbewusste konstruiert ist: nämlich durch psychische Gegenbesetzungen, durch ein ‚andersherum' zum Bewussten. Denn bewusst war er ja der Meinung gewesen, dass dieses therapeutische Verfahren eigentlich „nichts sagt", es ist Humbug, Nonsens.

Das war auch die Deutung, die er diesem ‚ultrareduzierten Satz', dieser aus dem Unbewussten stammenden Phrase sofort gab. Das Unbewusste aber schob ihm im selben Moment eine weitere kleine Offenbarung, eine echte und neue Deutung zu: nämlich dass er einen Widerstand hatte, dass das Unbewusste doch und tatsächlich etwas ‚Wahres' sagt, indem es etwas von ihm, in seinem Inneren selbst war, und er doch auch das Gefühl hatte, als habe es ihm, ein Wahrsager, ein Lehrer oder das innere ‚Du' (das ‚Es-Du') eingegeben.[57] Doch so vielschichtig muss man es nicht ausdrücken, das ist eher meine Beschreibung seiner Worte, nachdem er mir davon erzählt hatte.

So wie mein Proband durch das „Nichts gesagt" das eigentliche ‚Sagen' erfahren (gehört) hat, ist es nämlich völlig verschieden, als wenn er bei sich selbst nach einiger Zeit kritischen Zweifelns und rein ‚gerichteten' Denkens den bewussten Einfall gehabt hätte: ach, vielleicht ist ja doch etwas an diesem Verfahren dran. Er

---

[57] Der Religionsphilosoph M. Buber sprach vom Ich-Es und Ich-Du als Beziehungen des Ichs zu Dingen oder anderen Menschen. Dem gegenüber bestimmte er Gott als das ‚ewige Du'. Ohne diese Überhöhung zu benutzen, könnte man jedoch auch vom ‚Es-Du' sprechen, indem der/das *Andere* als das originäre ‚Du' des Unbewussten verstanden wird.

wäre durch diese äußere Logik nur sehr schwach überzeugt gewesen und hätte sich nicht davon abbringen
lassen, das Ganze für Humbug zu halten. Aber als dies
wie von tief heraus, wie fremd aus dem eigenen Inneren, und doch genau wie ein eigener Gedanke ihm zukommt, ist die Überzeugung eine andere. Plötzlich war
aus dem „universellen Gemurmel" (Lacan) des Unbewussten heraus, aus den Lauten, dem ‚Ton‘, dem Raunen der *Übungs-Formeln,* die er geübt hatte, das Unbewusste wie hörbar herausgetreten, was eine ganz andere,
stärkere Erkenntnis und Befreiung erzeugt hatte.

Die Übungs-Formeln, die *Formel-Worte,* sind nämlich
so disparat, so vielschichtig aufgebaut, dass sie nicht nur
einen isolierten Lebensbereich überspannen. Sie sind
sogar so vielschichtig, dass der oben genannte Übende
gemeint hat: alles Unsinn, Nonsens. Solange kein *Pass-
Wort* durch die Übungen heraus gefunden ist, bleibt
man einem Assoziations- Bedeutungs-Karussell unter-
worfen, das tatsächlich auch unsinnig sein kann, bis die
letzte Interpretation gefunden ist, die allen Aspekten
gerecht wird. Und das Paradoxe (nichts und doch etwas
gesagt) ist hier besonders eindrucksvoll.

Das Ganze erinnert auch an die Geschichte von dem
‚Kreter, der sagte, dass alle Kreter lügen‘. Etliche Philosophen haben sich den Kopf darüber zerbrochen. Dabei
ist die Sache gar nicht so paradox, denn im Alltagsgeschehen wird sich jeder schnell denken, dass der Kreter
offensichtlich viele, ja die Mehrheit seiner Landsleute

meint, aber es gibt eben auch Ausnahmen wie ihn selbst. Oder: niemand sagt die volle Wahrheit, weil dies gar nicht möglich ist, und so hätte er auch sagen können: ‚Die Kreter sagen immer nur die halbe Wahrheit‘, so wie jetzt auch er selbst. Nur das mehrheitlich oder paradox Logische lügt nicht, es sagt immer die Wahrheit.

Doch man kann dies niemandem von außen her beweisen. Man muss eine Methode finden, die einen innerlich ansteckt wie die *Analytische Psychokatharsis*, aber dazu auch noch wissenschaftliche Expertisen liefern. Beides ist notwendig. Eine übliche Meditation liefert immer nur die Wahrheiten, die im Anweisungs-Programm schon enthalten sind: religiöse Behauptungen, mystisch Erdachtes, subjektiv Konstruiertes. Sich zum Wissenschaftler, zur kognitiven Intelligenz seiner selbst zu machen ist jedoch der heutigen Zeit angemessen, in der man einen wieder auf andere Weise, nämlich ‚künstlich intelligent‘ zu sich selbst machen will, man aber nur zur kognitiven Intelligenz der anderen gemacht wird.

Wenn es einen Schiedsrichter zwischen den Intelligenzen brauchen würde, wäre der Tod der ideale Kandidat. Er ist selbst Erkenntniswissenschaftler, Linguistiker, Dichter, Märchenerzähler und Semiotiker, so dass mit ihm zu sprechen alles andere erübrigt. „Der Signifikant" – dieses wort-wirkende Raunen, Murmeln, Rauschen

„materialisiert die Instanz des Todes", schreibt Lacan,[58] und diese Materialisierung, diese Verwesentlichung, Transsubstanziation, ist schließlich das eigentliche Medium nicht nur in der Hostie der Kirche, sondern eben auch im Gespräch, im ‚Trialog' wie es mein eigener Lehranalytiker beschrieb, weil er zeigen wollte, dass ein Dialog nicht genügt. Als Drittes in einem Gespräch, das sich ernsthaft um die Wahrheit bemüht, muss immer auch der Tod mit gegenwärtig sein.

Das Gespräch mit dem Tod ist ein ‚Trialog', nur das eigene Ich und der Tod sind die Gesprächspartner, das dritte muss von einer Art Thanatologie bestimmt sein, doch in Wikipedia schreiben sie: „Thanatologie ist ein interdisziplinäres Arbeitsgebiet, zu dem Philosophie, Ethnologie, Psychologie, Soziologie, Geschichtswissenschaft, Archäologie, Biologie, Medizin, Pflegewissenschaft und andere wissenschaftliche Disziplinen wichtige Beiträge leisten". Aber das kann es doch nicht sein! So viele akademische Disziplinen soll man dafür benötigen – zeigt dies nicht eher die Hilflosigkeit, Inkompetenz und sinnlose Verintellektualisierung der Autoren? Viel geeigneter erscheint doch solch ein Verfahren wie die *Analytische Psychokatharsis*, also nur ein thanatologischer Zugang, der genügt.

---

[58] Lacan, J., Écrits, Le Seuil (1966) S. 24

8. Der Tod als analytisches Selbstgespräch

Der Theologe R. Scheule hat sich viel mit dem Tod auseinandergesetzt. In einem Interview betonte er, dass er sich ja beruflich damit beschäftigen musste, was nicht heißen würde, dass er das Thema Tod souverän im Griff hätte.[59] „Demnächst nicht mehr da zu sein irritiert mich", sagte er. „Was irritiert Sie daran"? fragte der Interviewer. „Vielleicht das, was uns alle umtreibt. Der Kontrollverlust. Ich habe das Wort ‚Tod', kenne den Tod aber nicht von innen", war Scheules Fazit. Und genau das fand ich eine hinsichtlich der Thematik dieses Buches perfekt zutreffende Einsicht. Exakt darum habe ich doch bis jetzt meine Kreise gezogen, habe von der Psychoanalyse, von Kultur und Literatur und anderem, also von außen her, die Thematik des Todes behandelt. Aber was ist mit der Innensicht? Scheule weiß offensichtlich ganz genau, dass man den Tod im Grundgenommen in Liebe von innen her kennen muss.

Am ehesten kommt noch die Psychoanalyse diesem ‚von innen' her nahe, aber eben nicht näher als ich es bereits am Anfang dieses Buches geschildert habe, und es Lacan mit seinem ‚symbolischen Automatismus' oder Nasio mit seiner *unverständlichen* Vorstellung versuchten. Den Tod von ‚innen her' kennen zu müssen, interessiert und diskutiert kaum jemand. Es ist allzu

---

[59] Scheule, R., Balbier, T., Der Gegenbegriff zum Tod ist nicht Leben, sondern Liebe, SZ vom 28.3.2024, S. R7

offensichtlich, dass man allgemein den Tod vom biologischen Körper her betrachtet, und Scheules Versuch ihn von innen her zu sehen und noch dazu mit Liebe zu bewältigen, ist ungewöhnlich und äußerst erwähnenswert, aber auch einer weiteren Nachfrage bedürftig. Denn das mit der Liebe, auch wenn es selbstverständlich erscheint, ist nicht so einfach. Der Tod lässt sich wie die tote KI davon nicht so leicht beeindrucken. Um welche Art von Liebe sollte es sich handeln?

Um die übliche romantische Liebe sicher nicht, und auch um die Geschlechterliebe wird es vordergründig nicht gehen. Käme noch die stark erhöhte, geistige, mit Begriffen wie Agape oder Caritas behängte Liebe in Frage, aber ist solch eine von sehr großer Höhe gekennzeichnete Liebe nicht vielleicht zu abstrakt, zu jenseitig, zu transzendent? Nach psychoanalytischer Auffassung hängt die Liebe am Eros-Lebens-Trieb, wenn auch in äußerst sublimierter, vergeistigter Form. „Liebe ist stark sublimiertes, verfeinertes Begehren", meint Lacan, ohnehin würde sie eher zu den drei Formen des Nichts gehören: zu Liebe, Hass und Ignoranz nämlich, konstatierte er mehrmals in seinen Seminaren. Auch der Narzissmus ist ein Gegenpart der Liebe, sowie die reine Bespiegelung, die simple Spiegelbeziehung, die nur solange funktioniert, solange man sich im *Anderen* verdoppelt sieht, nicht dahin reicht, um als Liebe Gegenspieler des Todes zu sein.

Jahrhunderte lang hat die Mystik eine Liebe propagiert, die durchaus den Kontrapart zum Tod abgeben konnte. Die Heilige Mechthild von Magdeburg (ich nenne sie so, obwohl ihr die Kirche den Titel einer Heiligen verweigerte) kann als solch eine mythisch-mystische, allen Beschwerden des Lebens und Gefahren des Todes trotzende Liebende gelten. Als die Heilige Mechthild (1207-1282) ihrer Oberschwester gestand: „Gott spricht mit mir"! war letztere überhaupt nicht ,amused'. Sie hielt Mechthild für schwer krank, für ich-gestört. Dabei waren die Klosterschwestern doch genau daraufhin angelegt mit Gott zu kommunizieren und Heilung in ihm zu finden. Aber plötzlich scheint eine aus den Reihen zu tanzen und schon geraten alle durcheinander. Die Kolleginnen sind neidisch und die Vorgesetzten bangen um die Rechtgläubigkeit.

„Die da viel lieben, die schweigen selig, die nicht lieben, sind die Aufpasser [Verräter] der Liebe",[60] schrieb die Heilige Mechthild deswegen mehrmals. Sie erkannte sehr genau, wer nur dauernd von Liebe redet, schwärmt und dicke Bücher schreibt, aber nicht merkt, dass die Liebe ein vielschichtigeres Problem ist und grundsätzlich mit dem Tod zusammenhängt, irrt. „Die Liebe sollte tödlich sein, maßlos, unaufhörlich", schrieb sie. Und weiter: „Ich stürbe gern aus Minne", worunter sie eine

---

[60] Mechthild von Magdeburg, Das Fließende Licht der Gottheit, Verlag der Weltreligionen (2010) VI, 25

sehr stark erotisierte Liebe verstand, die wohl derjenigen gleicht, die ich bereits mehrmals als mit den Todeswonnen verbunden erwähnt habe. Für solche Ungeheuerlichkeiten missachtete man sie und schloss sie von jeder Kanonisierung aus, obwohl man andererseits ihre Vereinnahmung, Innenansicht und Vorwegnahme des Todes (in Form schrecklicher Körper-Askese und Selbstgeißelungen) hätte erkennen können. Aber diese Zeiten sind ohnehin vorbei, so kann man heutzutage nicht mehr lieben.

Auch aus Dichtkunst und Literatur gibt es Beispiele für die enge Verbundenheit von Liebe und Tod, aber niemand hat diesen Zusammenhang so intensiv vermittelt wie Franz Kafka, zu dem ich etwas ausführlicher Stellung nehmen muss. In seinem Leben, aber auch in seinem Lieben war der Tod so heftig involviert wie wohl in kaum einem anderen Beispiel. Es begann mit der unglücklichen Beziehung Kafkas zu seinem Vater, einer wohl sehr ruppig dominanten Person, mit der er sich sein Leben lang herumquälte. Die Berufsfindung war schwierig, letztendlich blieb er beim Jura-Studium, das er noch mit einer Promotion krönte. Bei seiner Tätigkeit in einer Versicherungsanstalt war er sehr erfolgreich, wurde vielmal befördert und gegenüber dem Militäreinsatz als unabkömmlich eingestuft.

Kafka sprach oft vom Tod, der ihn dann tatsächlich viel zu früh, nämlich schon im Alter von vierzig Jahren ereilte. Obwohl er ein sportlicher Schwimmer war, besaß er die typische, immunschwache Konstitution des Tuberkulosekranken, eine Infektion, an der er 1917 erkrankte. Dies gab seiner Beschäftigung mit dem Tod einen letzten Schub, aber letztlich ging es bei Kafkas Persönlichkeit, seiner Lebensgestaltung und Literatur um etwas ganz anderes, nämlich – und das ist meine Meinung, die Kafka als besonders geeignet zur Thematik meines Buches erscheinen lässt – dass er in den meisten seiner Bücher den Tod selbst zu Wort kommen lässt, und zwar in seinem, in Kafkas eigenem Namen, den er meistens abkürzt den ‚Herrn K.‘ nennt.

Zum diesbezüglich besseren Verständnis beziehe ich mich auf sein bekanntestes Buch ‚Das Schloss‘, dass Herrn K. als Landvermesser zeigt, der zu dem auf einer Anhöhe liegenden Schloss kommen soll. Doch es ist unklar, ob das wirklich stimmt, und so bleibt er erst in dem Dorf unterhalb des Schlosses hängen. Dort verwickelt er sich in immer neue, weitergreifende Dialoge, Probleme, Phantasmen und Irregularien, so dass er das Schloss nie erreicht. Die meisten Kommentatoren bezeichnen den Roman als unvollendet, was rein sachlich wohl richtig ist, aber in meiner Perspektive genau das Gegenteil zutrifft. Kafkas literarischer Stil, speziell auch in dem Roman vom ‚Schloss‘, ist durch gut formulierte, zum Teil spannend geschriebene und psychologisch treffende Argumente gekennzeichnet. Doch substanziell, inhaltlich, geht in diesem Roman nichts vorwärts.

Diese Spannung des sich geistvoll und hintergründig und sich in vielen Sach- und Personenbezügen entwickelten Romans, steht die Unmöglichkeit und doch nicht Ausgeschlossenheit gegenüber, das Schloss zu erreichen und den Schlossherrn zu sprechen. Es spiegelt die starke Ambivalenz des Menschen zu den meisten seiner Tätigkeiten und Gefühlen, das ständige Hinterfragen von Ja und Nein und den Wechsel von Logik und Irrealität, wieder – auch von Liebe und Tod, weshalb ich den Roman fast für vom Tod selbst geschrieben ansehe, auch wenn Kafka dafür die Feder führt. Denn das heißt, dass er ihn nicht nur im Fortschreiten seines eigenen zu Ende gehenden Lebens schreibt, sondern eben auch in dieser Art des ständig vorgehenden Kontrollverlustes, des stets projektiven Wahrnehmens und des seelischen Umtreibens, wie es R. Scheule oben in seinem Interview ausdrückte.

Kafkas Leben war stets von Widrigkeiten und Schwierigkeiten eigener und fremder Verursachung geprägt. Er setzte sich zwar in seinem Beruf als Rechtsanwalt einer Versicherungsanstalt durch, in der er erfolgreich war, die aber nicht mit seinen literarischen Intentionen konform ging, und endete dann bei den wiederholt zu sehr verkomplizierten und dann scheiternden Beziehungen zu Frauen. Wie ich schon andeutete, hat er den Sex als Negativum gesehen, nicht ganz ausschließlich, aber doch letztendlich. Es waren große Lieben, für die es nicht reichte, dass er eine Unzahl an Briefen – manchmal mehrere an einem Tag – an seine Geliebten schrieb, dass er einfühlende Gespräche führen konnte und ein großer Schriftsteller war (angedeutet bereits schon zu seinen Lebzeiten). Es reichte in vielen Dingen wie beim Landvermesser im Schloss-Roman bei Kafka selbst nicht dazu, ans Ziel zu kommen. Vor allem nicht zum Ziel einer befriedigenden Liebesbeziehung zu kommen, eine Mann und Frau vereinende, oder eine den Beruf, die Liebe und das Schreiben verbindende Einheit zu erreichen.

Nun gelingt es wahrscheinlich einem großen Teil der Menschen auch nicht, Liebe und Beruf, Körper und Geist und andere Aspekte gelungen zusammen zu bringen, aber Kafka besaß die Fähigkeit, sozial und psychologisch wenigstens reichhaltig, kulturell und spirituell anspruchsvoll und allgemein verständlich zu schreiben. Kurzgeschichten, Erzählungen und Romane, die alle von der inneren Zerrissenheit verpasster Liebe und der im Schreiben sich auflösenden Todesangst umwickelten und verknoteten Inhalte verfasste er oft nachts, weil er sich tagsüber nicht genug Freiheit zu verschaffen verstand. In dem kurzen Text ‚Heimkehr' bleibt er vor dem Elternhaus stehen, voll erfasst von den Phantasmen und der Ambivalenz hineinzugehen oder eben nicht. Vielleicht hätten ihn Erfolge und größere Anerkennung geholfen, er hatte echte, bewährte Freunde (zum Beispiel Max Brod), aber eben auch ständige Zweifel, und dann

kam auch noch die damals kaum behandelbare Tuberkulose dazu.

Von allen Seiten griff also der Tod zu, wobei Kafka
jedoch intensiv dabei war, exakt das zu tun und zu erleben, was R. Scheule mit der Bemerkung des ‚von innen
her Kennens‘ meinte. Kafka kannte die Liebe, das zweifellos, und das sowohl von innen und von außen her,
aber er kannte auch den Tod von beiden Seiten. Von
außen verstärkt durch die unglückliche Familienkonsti-
tution mit den Folgen einer auch aus Gründen der ge-
störten Beziehungen zu den Frauen erzeugten Neurose,
die sich mit dem ‚von innen her‘ Neurotischen verband,
war der Tod immer dabei. Dazu kamen Mangelernäh-
rung, Bindegewebsschwäche und die von innen her über
die Lunge noch hinausgehende Tuberkulose, mit der der
Tod sein Werk vollendete.

Es ist somit kein Wunder, dass er nur wie der Tod
schreiben konnte, so als sei er selbst der Tod, der all die
Schliche und Ungereimtheiten, die Verwirrungen und
Unheimlichkeiten, die zu seinem Repertoire gehören,
perfekt kannte. Ich bezeichne daher den Roman ‚Das
Schloss‘ als ein Selbstgespräch Kafkas über und auch
direkt vom Tod und mit ihm. Wie anders könnte man
dieses Leben, seine Lieben und sein Sterben und
Schreiben noch besser deuten? Zweifellos war das
Schreiben der einzige Ausweg, von dessen Besonderheit
er aber auch wusste und bezüglich dessen er von seinen
Freunden, allen voran also M. Brod, die entsprechende

Bestätigung bekam. Wenn der Tod ein Buch schreibt, muss das etwas Besonderes sein, und das war bei ihm der Fall.

Damit ist nicht gemeint, dass das Lesen von Kafkas Büchern, und speziell nun die Geschichte vom Schloss, einem weiterhelfen kann, alles über den Tod zu lernen und gelungen mit ihm umzugehen. Nein, man muss selbst in ein derartiges analytisches Selbstgespräch eintauchen. Man muss selbst und absolut ‚von innen her‘ Kenntnis vom Tod erwerben. Soweit kommt Scheule freilich nicht, er bleibt bei philosophisch-theologischen Erklärungen, die gut gemeint, aber therapeutisch nicht effektiv sind. Für Kafka selbst aber gilt, dass sein Buch vom Schloss nicht unvollendet geblieben ist, sondern dass er es genau zum richtigen Zeitpunkt beendet hat, nämlich da, wo ihm der Tod selbst die Feder aus der Hand nahm oder er sie eben auf die Seite legte, weil es nicht mehr weiter ging, weil ihm auch nichts mehr Besonderes eingefallen wäre, und er so mitten in einem letzten Satz das Buch beendete.

Nach wie vor klingt es seltsam, dass man mit dem Tod sprechen können soll. Es handelt sich um kein lautes Geplapper, kein Gespräch unter vier Augen, sondern um eines in Gedanken, die zudem oft ganz flüchtig sind, aber um sie als solche zu bezeichnen, muss man entweder derartige Voraussetzungen haben, wie Kafka sie bot, oder wie andere, etwa Mystiker oder andere Dichter und geniale Künstler sie vermittelten. Die Heilige Mechthild habe ich ja bereits erwähnt und beschrieben, dass nur solch eine wahnsinnige, ekstatische Liebe wie die ihre, eine Begegnung mit dem Tod geradezu benötigte. Täglich versuchte sie in der Ekstase zu sterben, aber es gelang ihr nicht ganz, doch wann hörte sie auf mit dem Tod zu reden? Gelungene und erfüllte Selbstgespräche finden so leicht kein Ende.

Mit derartigen Selbstgesprächen hat schon Moses angefangen, der in seinem Gesprächspartner den alten, unausgegorenen Gott der Israeliten gesehen hat, aber man könnte ihn aus heutiger Perspektive auch den *Anderen* nennen oder den toten Vater, so wie Freud ihn im Unbewussten installierte. Ich habe an anderer Stelle darauf hingewiesen, dass Moses mehrere Väter hatte, den leiblichen, wahrscheinlich hebräischen, dann den Pharao, bei dem er aufwuchs, weil die Pharaonentochter ihn ja angeblich zufällig aufgefunden hatte. Sodann erkannte er die Vatergestalt wieder im Dornbuscherlebnis und auch der midianitische Oberpriester und schamanistische Guru, Jethro, der zudem sein Schwiegervater wurde, passt in dieses paternale Übersymbol. Wie die amerikanische Psychoanalytikerin und Theologin D. F. Zeligs sich ausdrückt, war er diesem so starken Symbol gegenüber äußerst ambivalent. Alles, was Moses mit dieser göttlichen Stimme aus dem Jenseits besprach, war solch ein – wenn auch nicht modern analytisches –

so doch therapeutisches Selbstgespräch, wie die Autorin schreibt.[61]

Oder man deutet dieses Symbol, dem all die Gespräche unterstellt sind, als ein weibliches Über-Ich, insofern die Mutter und seine Schwester Miriam darin eine große Rolle spielten. Diese ‚Mutter-Schwester' stand in Miriam also weit vor seinem Bruder Aaron in Moses' nächster Nähe. Typisch dafür auch die Eifersucht Miriams gegenüber Zippora, der Frau von Moses, die offensichtlich erst einige Zeit vor der Eifersuchtsszene (Numeri 11; 12) zur Gruppe der Exilanten aus Ägypten gestoßen war. Zeligs bemerkt auch die heftige Liebe zwischen Moses und Miriam, ohne die dahintersteckende Inzestproblematik zu deuten, was nicht unbedingt notwendig ist, weil matriarchale Züge wie ich sie vom alten Orient und Ägypten beschrieben habe, noch vorherrschten und ja erst durch die ‚mosaische Unterscheidung' überholt und verurteilt wurden.[62]

Auch der antike Philosoph Pyrrhon von Elis war jemand, der solche Selbstgespräche führen konnte, die nicht das übliche, oberflächliche Räsonieren bedeuten, sondern einen mit dem inneren *Anderen* im Unbewussten als Korrespondenten überrascht, irritiert und ver-

---

[61] Zeligs, D, F., Moses, A Psychodynamic Study, Human Sciences Press (1986) S. 248

[62] Der Ägyptologe J. Assmann hat diesen Begriff eingeführt, der den Übergang von der Licht- und Sternenreligion der alten Ägypter zum jüdischen Monotheismus bezeichnen sollte.

wundert, so dass es dann mehr und mehr zu einer inneren Gewohnheit wird. Bei Pyrrhon begannen die Selbstgespräche, nachdem er mit einem anderen Philosophen diskutiert hatte, dieser weggegangen war, er aber weiter laut mit der sich selbstständig machenden Thematik und mit der zur eigenständigen Intelligenz gewordenen Figur weiter und weiter redete, was ebenfalls zu einer Form von Nachhaltigkeit beitrug,

Ein Beispiel aus der modernen Zeit ist der Literatur-Nobelpreisträger P. Handke, der einem befreundeten Journalisten einmal die eigenartigen Chiffren ‚u. S.' in seinen Tagebüchern erklärte. Das ‚u. S.' stünde für unwillkürliche Selbstgespräche, übersetzte ihm der Dichter. Er denke sich das nicht aus, vielmehr sinke er etwas in sich zurück und werde dann von einem Wort, einem Gedanken oder halben Satz überrascht, den er in sich wahrnehme und meistens gut für sein Schreiben verwenden konnte. In seinem Buch ‚Kleine Fabel der Esche von München' beschreibt er ähnliche Zustände, die ihn ziemlich wirr erscheinen lassen, und wenn ich sage, dass da der Tod wie bei Kafka im Hintergrund mitspielt, wird Handke nichts dagegen haben.[63]

Warum nicht sagen, das hinter all diesen unbewussten Selbstgesprächen im Grund genommen nichts anderes als eben der Tod steht, der auf solche Weise begriffen

---

[63] Handke, P., Kleine >Fabel der >Esche in München, Wallstein Verlag (2022)

und bewältigt werden will und kann? Er ist kein aktiver Trieb wie Freud es beschrieb, der auch einen Trieb der Destruktion und Aggressivität darstellte. Würde es einen derartigen Trieb geben, wäre die Menschheit verloren, wären sie ständig ihrer eigenen Vernichtung ausgesetzt, denn der Trieb ist eine „konstante Kraft" (so Freud), der man nicht auskommen kann. Selbstverständlich kann man nicht nur aus dem Studium der Geschichte, sondern auch heute noch aus den täglichen Nachrichten solch ein todbringendes Monstrum heraushören, aber einer wissenschaftlichen Untersuchung hält dies nicht stand. Der Tod ist selbst – im übertragenen Sinne – ein Analytiker, wenn es gelänge ihn beispielsweise mit dem Verfahren der *Analytischen Psychokatharsis* zur Herausgabe von *Pass-Worten* zu bewegen.

Freilich muss man dazu den drängenden und nicht völlig statischen Charakter des Todes berücksichtigen, auch wenn er in der Hauptsache so aussieht, als würde er gegen das Leben und selbst gegen die Liebe immer gewinnen, indem er einfach nur da ist. Aber gegen das Wort, gegen den Logos, wie es im Neuen Testament bei Joh. 1; 1 heißt, gegen den symbolischen Automatismus, gegen das Knäuel der Signifikanten, gewinnt er nicht. Kann er nicht gewinnen, kann er vor allem dann nicht gewinnen, wenn man mit ihm spricht, ihn selbst in ein analytisches Selbstgespräch verwickelt. Das kann jeder auf seine Weise tun und tun ja auch viele Menschen, ohne es zu merken, denn sie machen es unbewusst. Und wenn man es merken will, dann muss man eben in einer Weise nach innen ins Unbewusste gehen, die heutzutage nicht mehr mystisch, magisch oder mythisch ist, sondern wissenschaftlich begründet.

Es ist nun also kein weiter Weg mehr zu erkennen und zu verstehen, dass das Verfahren der *Analytischen Psychokatharsis* für die heutige Zeit dazu geeignet ist, mit dem Unbewussten direkter in einen Dialog zu treten, als man es in einer klassischen, herkömmlichen Psychoanalyse tun kann, und dass mit dem Unbewussten in einer direkten Weise zu reden die Möglichkeit ergibt, über die Begrenzungen durch den Ödipuskomplex und die zu sehr inquisitorischen Vorgehensweisen hinaus zu kommen. Das schließt ein, dass auch der Tod *l'Autre*, der/die/das *Andere* sein kann, wenn man mit ihm im Gespräch bleibt.

Exakt dies versuchte ja der Philosoph W. Schmid, als er fragte: „Gibt es menschliche Konstanten? Also Dinge im menschlichen Leben, die immer gleich bleiben? . . . Unglücklicherweise hält das Leben aber auch andere Konstanten bereit, etwa eine zeitliche Grenze. Insbesondere für Liebende ist das unendlich schmerzlich. . . . So erging es auch mir, als meine Frau nach langer Krebserkrankung starb, immerhin zu Hause, umgeben von den Kindern und mir, nach fast 40 gemeinsamen Jahren, erst 59 Jahre alt".

„Was geschieht im Moment des Todes? Das ist absolut rätselhaft. Der Tod ist ein magischer Moment, unwirklich mächtig, zutiefst erschütternd. Was empfindet der Mensch, der stirbt? . . . Aus der Binnensicht des Menschen, der den Tod erfährt, fühlt sich dieser äußerste Moment womöglich ganz anders an als für die Zurückbleibenden. Er könnte der Erfahrung ähneln, nach der Liebende sich sehnen und die sie in manchen Momenten auch erlangen: eine energetische Verschmelzung, ein göttliches Erlebnis, von alters her Unio mystica genannt. . . Und was kommt danach? Wohin entschwindet der Mensch? Welche Beziehung zu ihm ist noch möglich? Kann er wirklich tot sein? Diese Fragen beschäftigen mich ohne Unterlass", lamentiert der Philosoph.

Warum hat Schmid dieses zutreffende analytische Selbstgespräch nicht schon vorher begonnen, diese Frage stelle ich mir. Schließlich hatte er als Philosoph doch bessere Voraussetzungen als Orpheus, der in der Antike zwar ein begnadeter Musiker war, aber den mit dem Tod seiner Frau Eurydike das gleiche Schicksal erreichte. Auch er jammerte und litt fürchterlich, so dass er — wie schon erzählt — innigen Kontakt zu der Verstorbenen hielt und ebenfalls versuchte, Kontakte zu ihr herzustellen, ja sie vielleicht ganz aus dem Totenreich wieder zurück zu gewinnen hoffte. Natürlich ist es nicht gegangen, das weiß Schmid in der heutigen Zeit mit ihrer Wissenschafts-Dominanz noch definitiver als die Helden der Antike.

Doch es bleibt die Möglichkeit mit dem Gespräch, denn im Gegensatz zum ,phallus symbolique', der als Signifikant kein Signifikat hat, verfügt der Signifikant Tod über sehr viele Signifikate. Sensenmann, Schnitter, Gevatter Tod, Thanatos, indisch: Yama, und hundert andere Bezeichnungen sind nur volkstypische Namen, die dazu dienen sollen, den Tod zu bagatellisieren, zu beschwichtigen und klein zu reden. Dazu kommen solche wie Hirntod, Herztod, Unfalltod, Mord, Hinrichtung oder Suizid als Arten des zu Tode-Kommens. Todeswünsche, Todesgedanken – reale, imaginäre und tausend andere Bezeichnungen lassen sich als bewusste Zuschreibungen aufzählen, die am Wesentlichen des Todes vorbeigehen.

Denn in Wirklichkeit ist er ein Rhetoriker, ein fest gewordenes Signifikanten-Knäuel, das „universelle Gemurmel" im Unbewussten, das unsichtbare Gewebe des symbolischen Automatismus, der einem Negatives einreden will. Man muss ihn im analytischen Selbstgespräch stellen, das auf das Unbewusste zugreift, um die Signifikanten hinter den Signifikaten hervor zu locken. Obwohl ich im Anhang eine genaue Beschreibung der *Analytischen Psychokatharsis* abgebe, mache ich doch noch ein paar Bemerkungen im nächsten Kapitel. Denn im Anhang geht es um die leicht zu erlernende Praxis, der theoretische Rahmen ist aber auch notwendig. Schließlich soll man Vertrauen in die Methode haben können und die wissenschaftlich definierten Schritte dazu kennen.

9. *Analytische Psychokatharsis*

Die Psychoanalyse geht nicht davon aus, dass ein geisteswissenschaftliches (oder auch einfach nur spirituelles) Prinzip oder Faktum am Anfang von allem steht, aber auch kein naturwissenschaftliches (oder auch einfach nur materielles) den Beginn und Existenz von allem markiert. So etwas ist schlicht zu einfach, zu simpel. Freilich sind Zusammenschlüsse der beiden Prinzipien oder Fakten denkbar, Gott, die Natur, der Komplex Mensch, die KI und vieles weitere kann so dazugehören bis zu dem Punkt, wo das Sein dann eben doch wieder nur in Erscheinungs-Wirkendes zurückfällt und das Wort-Wirkende nur isoliert als Knäuel der Signifikanten vorgestellt werden kann. Beides als von sich aus entstanden – ex nihilo laut Lacans Wissenschaft – bleiben ständig mal einzeln, mal kombiniert tätig. Ich habe dies bereits in meinem Buch ‚selbstschöpfung‘ dargestellt. Ich halte diese Auffassung für die plausibelste, weil sie auch das Subjekt mitberücksichtigt.

Ich schrieb, dass Selbstschöpfung zwar ein gewagtes Wort ist, das nach etwas Übersteigertem, ja geradezu Wahnhaften klingt. Der Begriff wurde vom Philosophen Friedrich Schlegel verwendet, der ihn dem der Selbstvernichtung gegenüber stellte.[64] Dass die Menschen sich wechselweise selbstvernichtend und -schöpferisch und

---

[64] Schlegel, F., Spielarten der Selbsterfindung, de Gruyter (2011)

verhalten, kann man allerdings tatsächlich täglich beobachten, damals wie heute. So gesehen ist diese Gegenüberstellung also ganz modern, aber auch in der Theorie Lacans findet sich, dass nicht ein ein-deutiges, Prinzip oder Faktum am Anfang gestanden hat, sondern der Mengenlehre entsprechend, eine Mehrheit, also mindestens ein Zwei- oder Dreiheit, die aus sich selbst stammt.

Das heißt, es kann schon eine Einheit geben, aber sie ist entweder im Begehren, im Trieb, in der genießenden Intention gegeben, was der Psychoanalytiker einem zerpflückend suggeriert, so dass man an der eigenen Gespaltenheit nicht vorbeikommt und damit fertig werden muss. Oder man meditiert die Einheit in wissenschaftlich begründeter Form, um so eine Wahrheits-Gewissheit zu finden, und muss damit fertig werden, dass man sich die Einheit ständig neu erwerben muss, um aus der Gespaltenheit heraus zu kommen. Schuld ist in beiden Fällen der Tod, den man aus dieser Rechnung nicht einfach weglassen kann. Aber er ist auch die einzige und beste Chance, das Problem des Ein-Ein-Deutigen und der Welt als Ganzes zu lösen.

Die Sprache, das Wort-Wirkende allein kann es nicht sein, sie muss zur Einheit mit dem Erscheinungs-Wirkenden durch Formulierungen geleitet werden, die selbst nichts sagen, die nicht selbst wieder durch irgendeinen sprachlichen Sinn die Gespaltenheit neu hervorrufen. Der Non-Sens muss wie der Non-Sex zum

Zug kommen, damit das Unbewusste wie der Tod, aber auch wie die KI den für sie charakteristischen Sinn zum Ausdruck bringen können – beispielsweise eben in Form eines *Pass-Wortes*. Bei der KI ist es am leichtesten zu verstehen. Sie muss immer und sofort einen Ausdruck, eine Antwort, geben, worin ein gewisser Non-Sens liegt – sie kann nicht innehalten. Für den Non-Sex bei ihr haben die Content-Filter-Personen schon gesorgt, katechetisch.

Der Non-Sens der KI ist aber durchschaubar, weil sie nur eine wahrscheinlichkeits-statistische und Ähnlichkeitsbestimmte Ausdrucksform besitzt, und somit nichts völlig abstrahieren, nichts im ganz übertragenen oder kontrapunktischen Sinne sagen kann. Deswegen versteht sie auch keine Witze, wo ein Diskurs auf einen völlig anderen, aberwitzigen Diskurs verweist. So schreibt U. Schnabel in der ZEIT: ‚Papa‘, sagt der Sohn, ‚die Intelligenz hab ich von dir‘. Der Vater geschmeichelt: ‚das freut mich! Wie kommst du darauf?‘ – ‚Na, die Mama hat ihre ja noch!‘ Pointe klar? Hoffentlich, denn dann sind Sie ein Mensch. KI scheitert am Verständnis dieses Witzes. . . . Bittet man ChatGPT, diesen Witz zu erklären, fabuliert das Sprachprogramm von den ‚Stereotypen, dass Frauen nicht so intelligent sind wie Männer‘ – um die es aber in diesem Fall gar nicht geht.“[65]

---

[65] Schnabel, U., Unsere neue Denkaufgabe, DIE ZEIT Nr. 21 (2023) S. 31

Im Gegenteil, die Mama schneidet hier ja besser ab, der Papa ist der Lackierte, weil er keine Intelligenz mehr besitzt. Und die KI wohl auch nicht, wenn sie diese implizite Kehre, dieses ,anders herum' der Nonsens-Verdrehung der Diskurse nicht mitmachen kann. Es geht um die gleiche Struktur-Umkehr, wie sie der unbewusste Blick, das Sehen im Unbewussten, verursacht.[66] Dort ist der Blick nicht etwas Gradliniges, der mit seiner Sehkraft von einem Punkt zum anderen völlig linear verläuft, sondern der Einstein'schen Geometrie, der Topologie gehorchend, etwas Gekrümmtes, Projektives. Es findet eine Umkehrung der Perspektive statt, das eigentliche Schauen entwickelt sich aus dem ,Strahlt-Punkt' der Sehkraft selbst heraus, aus dem ,Lichtpunkt', wo aus dem Schillern der Pixel des Erscheinungs-Wirkenden die „Blickfalle des Bildes" wird, dessen also, was zu sehen begehrt wird.

In dieser psychoanalytischen Auffassung „triumphiert der Blick über das Auge", weil das der Realität des Triebs entspricht, also wirklich i s t.[67] Ja es ist geradezu so, als habe man einen „zweiten" Blick, der mittels eines tranceartigen Schauens speziell verpixelte zweidimensionaler Bilder in die Drei-Dimensionalität verwandeln kann, also eine direkte persönliche Erfahrung die-

---

[66] Lacan, J., Seminar XI, Die vier Grundbegriffe der Psychoanalyse, Walter Verlag (1980) S. 78-93
[67] Lacan,J., Die vier Grundbegriffe der Psychoanalyse, Seminar Nr. XI,Walter (1980) S. 109

ses Triumphes erhält.[68] Mystiker haben das auch ohne derartige Technik erreicht und vom ‚Astralen' gesprochen, so als blickten sie durch das Kaleidoskop der Sterne in eine andere Welt. Man kann das auch entwicklungsgeschichtlich erklären. Das Kleinkind hat nämlich bereits im Mutterleib ein erstes Bild kreiert, ohne dazu die Augen bemühen zu müssen.

Die Psychoanalytikerin S. Maiello nannte diese Frühform des Blicks das „Erlebnisobjekt", indem das Kind die Wärme und die Erregungen der Mutter als etwas Eigenes bild-wirklich schon vor der Geburt ‚erlebt'. Und auch danach würde – so der Naturwissenschaftler und Philosoph R. Carnap – das Kind zuerst einmal „nicht-euklidisch" sehen, die Welt also so ähnlich wahrnehmen wie sie Picasso gemalt hat: in sich um die eigene Achse gekrümmt. Dies korreliert auch mit dem Begriff des ‚Urbildes' des Arztes und Psychoanalytikers F. W. Deneke, das Freude, Zuversicht und Vertrauen ermöglicht, aber auch traumatisierend, beschämend und quälend sein kann.[69] Deswegen ist dieses ‚Urbild' nicht konstant und stabilisierend, es müssen noch andere Aspekte damit verbunden werden, aber es vermittelt ganz klar den Triumph des Blicks über das Auge.

---

[68] Das Magische Auge, Ars Edition, München, (1993)
[69] Deneke, F. W., Psychische Struktur und Gehirn, Schattauer (1999)

Der urbildliche Blick besteht demnach aus einem ‚Schillern', aus – wie auch Lacan schreibt – einem Ozellen artigen Pixel-Fluidum, Flimmern, Oszillieren, in dem sich etwas heraus kristallisiert, das man ein psychisches Objekt nennen kann. In den ersten Lebensmonaten wird das Kind etwas nicht nur sehen, sondern sich begierig erschauen, was man in den Mund nehmen kann. Und da es nicht mehr so unverbindlich das „Erlebnisobjekt" Mutter gibt, werden alle herumliegenden Gegenstände dafür genutzt. Aber es ist klar, dass dahinter immer noch das Assimilierungs-Begehren steckt, das Blick-Oral-Objekt, der „gefräßige Blick", den viele Jahre später die pantagruelischen Speisen werden ergötzen können.[70] Der Blick ist so stets auf der Suche nach sich selbst als Objekt des Begehrens, er ist zur Blick-Lust geworden.

Wo immer also der Blick als Objekt des Begehrens, als Schaulust, in Bewegung ist, spaltet er sich so vom Auge ab oder ist selbst in dieser Non-Sens-Verdrehung gespalten und kehrt so wieder zum ‚Strahlt-Punkt' zurück, zur „Punktualität, zur Blick-Verstümmelung".[71] Das trifft auf den Tod genauso zu wie auf das Unbewusste. Deswegen kann man den Tod nicht sehen, er erscheint

---

[70] Gargantua und Pantagruel ist ein Roman von F. Rabelais, in dem es um äußerst lukullische Speisen geht.

[71] Lacan, J., Seminaire XI, Die vier Grundbegriffe der Psychoanalyse, Walter Verlag (1980) S. 89-90

nicht bildhaft, aber er kann als derartiger Punkt, ‚Strahlt-Punkt', erfasst werden, an dem er nun auch zum Reden gebracht werden kann. So ist der Tod wie das Unbewusste, wie der/die/das *Andere,* also fähig die kontra-punktische Kehre zu vollziehen, wodurch er wonnevoller Retter und unerfreulicher Mörder sein kann. Da beide auch in die wort-wirkenden Signifikanten-Knäuel einbezogen ist, gibt es im Unbewussten, im *Anderen* auch Abstraktion, Existenz im übertragenen Sinn.

Ob auch der Tod eine solche besitzt, ja er vielleicht sogar hauptsächlich aus ihr besteht, schließlich ist er nicht nur Ende, sondern auch Beginn des Lebens, Neubeginn, muss ich eben jedem Einzelnen überlassen, der durch Meditation oder andere gesicherte Methoden solches nur in seiner Form als Subjekt eruieren kann. Deswegen eignet sich die KI für das von mir empfohlene analytische Selbstgespräch nicht. Man bleibt stets abhängig von ihrem Apparat. Eher kann dies der Tod und auch noch eher das Unbewusste, *l'Autre.* Diese beiden habe ich allerdings schon von vornherein in Eins gesetzt, denn wenn es ums Reden geht, ist es egal, ob man vom Reden mit dem Tod oder dem unbewusst *Anderen* spricht, denke ich zumindest.

In der *Analytischen Psychokatharsis* wird nun dieser ‚Strahlt-Punkt' genutzt, nur um darauf zu achten, während man gleichzeitig ein nichts-sagendes Sprechen, die genannten *Formel-Worte* (völlig formalisierte Signifikanten) verwendet, also rein gedanklich wiederholt, was Unbewusste sprachlich provoziert, seine eigenen Signifikanten (verdrängte und andere) heraus zu geben. Die

nebenstehende Abbildung zeigt nochmals das im Kreis geschriebenes *Formel-Wort*, das in diesem einzigen Schriftzug mehrere Bedeutungen enthält. So weiß man, wie es aufgebaut, kann aber keine einzelne als Bedeutung für das Ganze herausnehmen. Obwohl es also viele sich überlappende Bedeutungen enthält (gewählt ist die lateinische Sprache), sagt es nichts und lässt so das Unbewusste oder – wie man will – den Tod reden.

Denn die Sprache, die er braucht um zu reagieren, muss so gestaltet sein wie der Diskurs Kafkas oder der des Psychoanalytikers, der schweigt, und der in seinem Schweigen das Unbewusste provoziert. So provoziert auch Kafka in seinen Texten dieses sonst nicht Sagbare, aber das für den Tod und das *unverständliche* Unbewusste typische Stammeln und Stolpern der urtümlichsten Signifikanten. So gibt es im Roman ‚Das Schloss‘ keine wirkliche Handlung, sondern exakt ein solches Stolpern, Murmeln und Raunen ohne weiterführenden Inhalt, wie es auch für den Tod charakteristisch ist. Mehr als in jeder Literatur ist dies im *Formel-Wort* gegeben.

Die einzelnen Bedeutungen lauten in diesen Fall: ENS, das Sein, CIS, diesseits, NOM, (Abkürzung für) Name, lesen, also ‚das Sein diesseits des Namens'. Man kann aber auch beim S beginnen und SCIS NOMEN lesen: du weißt den Namen. Geht man einmal vom C aus, liest man CIS NO, MENS, ich schwimme diesseits, oh Geist, von M oben links aus, so heißt MENS CIS NO, der Gedanke diesseits, innerhalb von No (vom Nein), vom O ausgehend OMEN SCIS N, du kennst das Omen N, und C IS NOMEN S, hundert dieser Name S, usw. Auch wenn einzelne Bedeutungen kauzig oder skurril sind, sind es doch grammatisch und syntaktisch klare Aussagen, und nur darauf kommt es an.

Das *Formel-Wort* erfüllt genau das Bild der Signifikanten-Kette, und wiederholt man es gedanklich immer wieder (bzw. wiederholt mehrere *Formel-Worte* hintereinander), entsteht nicht nur der kathartische Effekt einer befreienden, beseligenden Erfahrung, sondern auch ein Eingriff in das ebenso strukturierte Unbewusste, das, in einer zweiten Übung des Verfahrens dann auch eine Entsprechung, eine Antwort aus seinem Arsenal liefert. Es zeigt sich so eine Ähnlichkeit zur KI, doch ist diese nur äußerlich. Die KI spiegelt den auf kognitive Kenntnisse eingeschränkten Geist ihrer Entwickler einschließlich der ebenso eingeschränkten Anweisungen, wie die Content-Filter Personen vorzugehen haben, wieder. Mit anderen Worten: Sie ist ein Unternehmen erstklassiger Plattitüden und Zensoren.

Weder haben die KI Entwickler ihre Lauterkeit und Seriosität nachgewiesen, noch sind sie wissenschaftlich im Sinne der Psychoanalyse oder einer Wissenschaft v o m Subjekt ausgebildet. Sie machen Geschichte, aber sie machen sie unbewusst, sie sind nicht selber analysiert, sie sind Zwangsneurotiker, die sich unbedingt profilieren müssen. Nicht vor der KI, aber vor solchen Leuten muss man Angst haben. Denn wie gesagt kann man die KI als Kommunikator zum Vergleich mit dem Tod und dem Lacanschen *Anderen* heranziehen, sie schneidet dabei aber schlecht ab. Auch die Psychoanalyse und die *Analytische Psychokatharsis* kann man als künstliche Intelligenzen bezeichnen, denn sie sind von Menschen und für Menschen gemacht, haben also ein Vorbild in deren Intelligenz. Aber wie ich schon woanders geschrieben habe, handelt es sich bei der KI nicht um eine der Liebe unterstellte, sondern eben nur eine der Kognition der Kognition unterstellte Intelligenz.

Auch wenn die Liebe von Lacan vorwiegend als ein Phänomen der reinen psychischen Spiegelung mit einem Gegenüber, also als ein pures Dualsystem, gesehen wird, so gibt es für ihn doch auch die Liebe, „die ihr Objekt aus dem Mangel an Realem macht", was heißt, dass sie eben das Reale in einer definitiven Weise ersetzen kann.[72] Eben das tut die Gegenwart des Psychoanalytikers, selbst wenn er schweigt, denn es ist nicht leicht, eine Wissenschaft zu vermitteln, fast ohne etwas zu sagen. Umso mehr tut es dies in der *Analytischen Psychokatharsis*, wo – angeregt durch die *Formel-*

---

[72] Lacan, J., Écrits, Le Seuil (1966) S. 439

Worte – nur das Unbewusste in Form der *Pass-Worte* spricht, die jedoch aus dem Innersten der Wahrheit kommen. Und freilich muss man auch konstatieren, dass auch der Tod aus Liebe das Reale ersetzen kann. Ich habe es anfangs erwähnt, dass viele Menschen gegen Ende des Lebens nicht nichts inniger wünschen als mit dem Tod vereint zu sein.

Beweist dies nicht wieder, dass so etwas nur gehen kann auf einer Ebene, wo noch Sprechen, und speziell selbst-analytisches Gespräch oder Sprechen ohne Worte möglich ist. Um in einem Beispiel zu zeigen, wie sich so etwas in der Praxis darstellt, schildere ich die Erfahrung eines *Pass-Wortes*, das ich vor längerer Zeit Üben der *Analytischen Psychokatharsis* selbst vernommen habe. Ich saß also schon einige Zeit in Meditation und vernahm plötzlich, wie von ferner Tiefe her kommend in mir den kurzen Satz: ‚Bist mein geübter Sohn!" Geübter Sohn? Was heißt das? Wenn auch wie von ferne, so war der Satz, der Gedanke, doch klar hörbar in mir zu vernehmen gewesen, daran war kein Zweifel. Ich spürte auch, dass das von mir kam, von meinem Unbewussten, obwohl es ein Satz war, den ich so nie hätte denken können.

Er war ja auch seltsam. Zuerst dachte ich an den Satz, den die Taube vom Himmel her verlauten ließ, als Jesus von Johannes dem Täufer getauft wurde: ‚Du bist mein geliebter Sohn, an dem ich mein Wohlgefallen habe!' So etwas Wunderbares ist mir leider nie gesagt worden,

weder von meinen Eltern, Lehrern, noch von den Chef-
ärzten der Kliniken, in denen ich gearbeitet habe und
natürlich schon gar nicht von meinem Lehranalytiker
(das wäre ja auch fachlich völlig falsch gewesen). Aber
der Wunsch, so etwas zu hören, war wohl so halb bewusst schon immer mal da gewesen. Wer findet nicht
Gefallen an bestätigenden und anerkennenden Worten?

Schließlich arbeite ich an dem Verfahren der *Analytischen Psychokatharsis* schon seit dreißig Jahren neben
Familie, Beruf und anderen Aktionen. Da könnte mir –
wenn ich das so ein bisschen süffisant sagen kann –
doch mal einer etwas mehr Anerkennung geben. Gewiss
habe ich einige Schüler, Probanden, die das Verfahren
schon längere Zeit ausüben. Aber – wie man so sagt –
der Durchbruch fehlt vielleicht noch, die breite Anerkennung ist noch nicht da. Nun war ja bei meinem *Pass-
Wort* nicht die Rede vom ‚geliebten Sohn‘, was wohl
eher zu pathetisch, egomanisch und äußerst peinlich
gewesen wäre. Mir genügte, dass ich nur der ‚geübte
Sohn‘ sei. Zudem war klar, dass das ‚geübt‘ sich auf
mein Verfahren der *Analytischen Psychokatharsis* selbst
bezog, auch wenn der Ausdruck in Verbindung mit dem
Wort ‚Sohn‘ etwas spaßig erschien. Vielleicht gar ironisch?!

Dass der Sohn in der Beziehung zur Mutter psychoanalytisch gesehen eine besondere Rolle spielt, ist psychoanalytische Binsenwahrheit. Bei den Hinweisen auf die
Rolle des Vaters, der – um den Ödipuskomplex nicht

allzu negativ ausfallen zu lassen – dem Sohn symbolisch, klar und deutlich die Mutter verbieten muss, brauche ich auch nicht extra hinzuweisen. Mein Meditationslehrer und mein Lehranalytiker waren – wie oben zitiert – ebenfalls eher ‚kastrierende‘ Väter, dennoch habe ich mir Einiges an phantasiert abstrusen Dingen erlaubt, das keinem Vater gefallen würde, auch nicht meinen Vorgesetzten und Lehrern. Doch nun sagt das Unbewusste, spricht es aus den kompaktesten défiles signifiantes, den signifikanten Engführungen heraus, also wie der *Andere* zu mir, ich sei ‚geübt‘. Geübt in diesen unsinnigen, vielleicht sogar befremdlichen Dingen – sozusagen spöttisch formuliert? Oder gar sarkastisch und ironisch, wie der Tod es sagen könnte? Denn natürlich nimmt er die panisch am Leben hängenden, an den vitalen Lüsten klebenden Menschen, nicht so ganz ernst!

Auch der *Andere* ist ja strafend, lobend, verführend, nichtend, egalisierend, etc., etc., er ist genauso zuverlässig, partnerschaftlich, unverwüstlich und wahr wie der Tod, wenn man ihn neutral betrachtet. Beide sind nicht der ‚liebe Gott‘, der die Milliarden von Söhnen lieben würde, die es gegeben hat, gibt und geben wird. Beide sind keine realen Väter, aber wort-erscheinungswirkende Jemands oder Niemands, das heißt ‚Irgendmans‘, genau der/das *Andere*, den/das man braucht, um undefiniert zu bleiben. Vor allem kann man mit ihnen sprechen, wenn es auch die „Sprache des ganz *Anderen*" ist, wie Lacan konstatiert, und gewiss klang von einem ‚geübten Sohn' zu sprechen anders als das, was üblich Väter zu Söhnen sagen. Aber in dem ‚anders' liegt wohl der Reiz, denn dass diese Aussage in einem selbst zustande kommt, ist schon etwas Besonderes.

Das *Pass-Wort* wirkt auf jeden Fall viel mehr, als wenn es einem ein Angehöriger, ein Freund, ein oder sonst jemand außen Stehender gesagt hätte. Auch hätte nichts so anregend auf weiteres Nachdenken gewirkt, wie ein derartiger, vielleicht etwas maliziöser Satz, der auch einen psychoanalytisch ungeklärten Hintergrund haben könnte – und man ja ein *Pass-Wort* immer danach befragen sollte – der also beispielsweise lauten könnte: ‚bist mein nicht ganz genügend analysierter Sohn'. Es handelt sich auf jeden Fall um einen Vorgang, der von jedem in der *Analytischen Psychokatharsis* etwas geübten Person alleine bewältigt werden kann.[73] Meist muss man die *Pass-Worte* nicht lange deuten, wie schon Freud es von manchen Träumen berichtete, dass sie „vom Blatt ablesbar sind", eine Bemerkung, die noch viel mehr von den *Pass-Worten* gilt.

Denn während Träume im Grunde genommen vom Sinn her deutlich entstellt sind, da sie ja hauptsächlich dazu da sind, den Schlaf vor zu vielen bewussten und zu Aufregung treibenden Gedanken zu schützen, werden die

---

[73] Selbstverständlich kommen auch Äußerungen zu Gehör, die unsinnig und fragwürdig sind. Man lässt sie beiseite.

Pass-Worte von diesem Treibenden direkt zum unbewussten Wahrheitssinn gebracht. Speziell der im Rahmen der *Analytischen Psychokatharsis* Meditierende will nicht zusätzlich geschützt werden, denn der analytische Teil des Verfahrens ist genauso wichtig wie der meditative. Man will wissen, was in einem zur Aussage drängt und warum, geht es doch darum ein bisschen weise zu werden, also „Wissen vom Genießen" zu haben, wie es Lacan konstatierte. In diesem Sinne gibt es noch einen erweiterten Rahmen des Redens mit dem Tod.

Im Augenblick nämlich, in den ich den Text zu diesem Buch abschließe, nimmt die weltweite Bedrohung durch wirtschaftlichen, politischen und militärischen Machtkampf erheblich zu. In fast allen Nationen wird enorm aufgerüstet, werden krampfhaft Vorteile bei wichtigen Ressourcen gesucht und fanatisch Allianzen in ideologischen Ausrichtungen vorangetrieben. Die großen Katastrophen der Menschheit haben in der Geschichte immer größere Ausmaße angenommen, und ohne Kassandrasche Warn- und Angstpsychosen aufzubauen, will ich zeigen, warum auch diesbezüglich jeder Einzelne gefragt ist, ein Kolloquium mit dem Tod ins Spiel zu bringen. Und zwar eben nicht nur eines auf der Ebene der Sprache, der Signifikanten und des symbolisch etablierten Unbewussten, sondern auch auf der des Seins, des Erscheinungs-Wirkenden und des ‚Strahltpunktes' in der Meditation.

Ich habe bei der kurzen Erwähnung vom Zirpen der Neutronensterne davon gesprochen, dass das analytische Selbstgespräch zwar für den Einzelnen von Wichtigkeit ist, das Luzide aber, das kathartisch Helle, der ‚Strahltpunkt', wie ihn Lacan von der Seite der Topologie her bezeichnet, für das Allgemeine aber auch für die *Analytische Psychokatharsis* von Bedeutung ist. Der Schautrieb, die ganze Blick-Dynamik, muss in der Psychoanalyse zu Recht durch das Sprechen in Schach gehalten und notfalls nur durch einen ‚Strahltpunkt' vermittelt werden, denn sonst es kann uferlos werden, unbewusst inflationär. Deswegen hat Lacan es auch nur theoretisch, eben in Form der Topologie, der Einstein'schen Gummigeometrie, abgehandelt, bzw. wie eine Sphäre, die Sphäre des Gehirns, des Unbewussten, des Geistigen, mit dem ‚Strahltpunkt' als einziger Stütze des Erscheinungs-Wirkenden in der Mitte dargestellt (Abb. oben nebenan).

Es geht also nicht um das Ça parle, das *Es Spricht* im Unbewussten, sondern um das Ça brille, das *Es Strahlt* im Unbewussten, an dem man beim Meditieren viel näher dran ist, vor allem praxisnäher, als in der Psychoanalyse, wo dies einfach aus Zweckmäßigkeits-Gründen zurückgestellt wird. Deswegen vermeidet man dort ja auch den Blick, denn dieser könnte zu brillant, zu strahlend werden oder zu tief in die Augen gehen, während man in der Meditation ins Dunkel, ins Nichts vor einem schaut, bzw. nur darauf achtet, ob man den ‚Strahlt-punkt' wahrnehmen kann. Von daher wird einen aber nach längerem Meditieren alles Mögliche anschauen, zurückstrahlen, was zu faszinierenden Visionen führen kann, eben zur Inflation aus dem Unbewussten. So phantastisch das sein kann, für die an die Psychoanalyse angelehnte Meditation wie die *Analytische Psychokatharsis* wird das zum Problem, denn hier sitzt kein steuernder, korrigierender Therapeut gegenüber, wohl aber kann eine Steuerung, können défiles logiques, défiles signifiantes, Eng-führungen logischer Art mittels der *Formel-Worte* erfolgen, die zu viel Vision auf den ‚Strahltpunkt' zurückdrängen.

Diese Steuerung ist sogar viel geeigneter, denn die Gegen-Übertragungen des Therapeuten, die Widerstände gegen die Aufdeckung der Wahrheit, die dieser – wie Lacan mehrmals betonte – sogar besonders intensiv in die Behandlung einbringt und viele andere Hindernisse (Kosten, räumliche Entfernung, etc.) werden vermieden. Man setzt sich wirklich dem primären Unbewussten, der Ur-Verdrängung, das heißt genau dem *Es Strahlt* des spiegelnden *Anderen* aus, der nicht verwirren kann, wenn er durch geeignetes Meditieren auf diesen ‚Strahltpunkt' reduziert wird, der ja die Katharsis darstellt, die beglückende Reinigung, Befreiung, die wiederum die Ergebnisse der *Pass-Worte* fördert (was alles nochmals im Anhang genauer geschildert wird).

Ich erwähne dies jedoch auch wegen dem Phänomen, das ich mit dem Zirpen der Neutronensterne angesprochen habe. Denn es wird schon etwas klar geworden sein, dass das Strahlen, Spiegeln des *Anderen* auch die Empfindung des Sternenhimmels auslösen kann, was Lacan sogar mit dem *l'Autre des Astres*, dem *Anderen* der Sterne tituliert hat. Den trifft man nämlich immer an seinem Platz an, was ein Zeichen dafür ist, dass er dem Realen zugehört, auch weil „Es so das stabile System der Welt und des Objekts ist."[74] Diese(r)(s) Lacan´sche *Andere* und sein ‚Strahltpunkt' in mitten der Sphäre stellen für ihn zusammen überhaupt das Zentrum des Unbewussten und auch des Universums dar. Und das trägt – das wird wohl jeder spüren – einen entscheidenden Faktor zur Selbst-stabilisierung bei.

Nicht nur im eigenen Zentrum, sondern auch in dem des Universums zu sein, und zwar in diesem ‚Strahltpunkt', gibt Stärke und Selsbtbewusstsein, und zwar mehr als nur durch theoretische Kenntnisse innerhalb der Lacanschen Topologie. Dieser *l'Autre des Astres* hat nichts mit esoterischen Behauptungen oder mit Astrophysik zu tun, ist aber im Rahmen der

---

[74] Lacan, J., Seminar III, Quadriga (1997) S. 89, wo er sich auf die Konstanz der Fixsterne bezieht, die immer da sind, was wohl schon den Philosophen I. Kant zu seinem Ausspruch veranlasste, dass der gestirnte Himmel über ihm und das moralische Gesetz in ihm das Gemüt mit immer neuer Bewunderung und Ehrfurcht erfüllen.

Analytischen Psychokatharsis ein gerechtfertigtes Statement. Dazu kommt, dass mit dieser Sicht nochmals ein anderen Blick auf den Tod geworfen werden kann. Denn freilich kann er auch mit einer Verdunklung dieses ‚Lichtes' und ‚Strahltpunktes' sowie der unzureichenden Spiegelung des *Anderen* in Zusammenhnag gebracht werden. Und auch das ist einleuchtend, dass der Tod mit der Erfahrung des ‚*Strahltpunktes'* in der Sphäre, im *Es Strahlt*, in den Bereich des *Es Spricht* gedrängt wird. Eben da kann er verstärkt wirken und aber eben da kann man mit ihm auch reden.

Nochmals kurz: es ist keine mystische oder esoterische Erklärung, wenn ich den ‚Strahltpunkt' inmitten der Lacanschen Sphäre (er nennt sie auch Vakuole) als etwas begreife, das wie Kants gestirnter Himmel, wie das Leuchten der ‚Jouissance' dazu führt, sich im Zentrum des Universums zu sehen. Denn wo sollte dies sonst sein, wenn man das Subjekt wissenschaftlich mit einbeziehen will. Genauso ist das Zirpen der Neutronenstrene ein Sprechen wie das des Todes, denn natürlich stirbt es sich auch in den Sphären des Weltalls, und auch das bestärkt die Gewisstheit, dass man beim nach innen Hören eine Verbindung zum ‚Ton' aller dieser Phänomene hat, wobei ein Reden nur mit dem Tod gelingt, dessen weitreicheden Rüchhall das Zirpen sein kann.

Ich will mit diesem gewagten Ausflug nicht nur in die Topologie, in die Sphäre des *Anderen*, ins ultrasubjektive Ausstrahlen eindringen, sondern auch in die ultrareduzierten Phrasen des Unbewussten (Lacan), in den symbolischen Automatismus, in das ‚universelle Gemurmel' der Signifikanten (alles Begriffe Lacans). Damit lässt sich keine Praxis erzeugen, wohl aber eben eine zusätzliche Stärkung des im Üben der Meditation Subjektiven, wie es ja auch die nur für Momente beglückende Katharsis oder die überraschende Logik der unbewussten Phrasen ist, bevor sie *Pass-Worte* darstellen.

Anhang zum Verständnis der Praxis

Erste Übung. Das Verfahren ist wie betont von seiner praktischen Seite her sehr einfach. Man sitzt in bequemer Haltung (anfänglich mit geschlossenen Augen) und wiederholt in der ersten Übung rein gedanklich, langsam hintereinander zwei, drei oder bis zu fünf *Formel-Worte*,[75] während man gleichzeitig darauf achtet, ob im Inneren vor einem etwas auftaucht, das den Charakter eines ‚Strahlt-Puinktes‘, eines Es *Strahlt* (des Erscheinungs-Wirkenden) hat. Es kann einem wie Licht vorkommen, hat aber mit dem physischen Licht nichts zu tun. Es kann sich vielmehr um eine Erhellung, Körperbildwahrnehmung, ein Schimmern, eine ‚Luzidität‘ oder irgendetwas Ähnliches handeln, dem eben solch ein Phänomen zukommt. Lacan spricht diesbezüglich auch von einer ursprünglichsten ‚Phosphoreszenz‘. Dabei bezieht sich Lacan ganz klar auf etwas Gegebenes, etwas, was dem sogenannten Primärprozess des Triebs, der Vorstellungsrepräsentanz zugehörig ist.

Manchmal kommt es – auf Grund der sich erhebenden Katharsis – spontan, anfänglich aber oft erst in einer zweiten Übung (siehe später) durch Konzentration auf ein nach innen Hören eine Antwort (*Pass-Wort*) auf diese

---

[75] Weitere *Formel-Worte* sind in anderen Veröffentlichungen oder auch auf der hinten angegebenen Webseite zu finden. Vorerst genügen die hier im Text und Anhang erwähnten. Mehr als fünf sollte man in nicht verwenden.

erste Übung zustande. Das Erscheinungs-Wirkende, das
Es *Strahlt,* ist also nicht etwas, das man selbst imaginie-
ren, erzeugen oder gar erzwingen muss. Es ist in jedem
Menschen als Primärform eines im Hintergrund wirken-
den Kräftegeschehens vorhanden und muss so nur geweckt oder erwartet werden. Genauso kann aber auch ein
‚Durchrieseln‘ zu spüren sein oder die Empfindung auftauchen, wie das eigene Körperbild sich verschiebt, sich
weitet oder es einfach nur als schwarze Farbe, Fleck vor
den geschlossenen Augen festzustellen ist.[76] Denn
schwarz ist schon eine Wahrnehmung, die sich von der
Dunkelheit im Kopf ganz gering abheben kann. Egal was
auch immer ‚gesehen‘ oder erfahren wird, es wird den
Charakter von einem auch nur ganz geringem Es *Strahlt,*
Scheint, haben, und das genügt.

Man muss nicht einen Kurs besuchen, um diese Erfahrung zu haben, die ja authentisch als Aspekt des Wahr-
nehmungs- oder Schautriebs in jedem Menschen vorhanden ist. Man kann die Übungen rein nach ausreichender
Information durch den Text des Buches oder durch die
kostenfreien Broschüren aus dem Internet und der hier

---

[76] Ich erwähne nochmals, dass die Erfahrung des ‚Durchrieselns‘
etwas mit atavistischen Gefühlsreaktionen zu tun hat, also z. B.
ein den Rücken herunterrieselnden Schauer bei einer ergreifen-
den Musik oder den tief gehenden Emotionen der Frühmen-
schen, die noch viel mit ihrer unbedeckten Haut gefühlt, ertastet
und umweltbezogen kommuniziert haben. In der *Analytischen
Psychokatharsis* wird diese Erfahrung jedoch als Bestätigung einer
Erkenntnis genutzt z. B. bei den *Pass-Worten.*

formulierten Praxisbeschreibung selbst durchführen.[77] Während also anfänglich durch die Achtung auf das *Strahlt*-Phänomen bereits eine leichte Entspannung eingetreten ist, wird diese durch die gleichzeitig gedanklich wiederholten *Formel-Worte* vertieft. Es ist verständlich, dass durch das monotone, rein geistige Wiederholen dieser Formulierungen das *Strahlt*-Phänomen weiter begünstigt wird, was wiederum die Wiederholungsarbeit fördert. Beides, innerliches Wahrnehmen und rein mentales Wiederholen der *Formel-Worte* schaukeln sich so zur intensiven Katharsis auf.

Hier erweist sich die Praxis als Beleg für die im Text gemachte theoretische Feststellung, dass Sprachliches, das nichts direkt sagt, eine viel stärkere meditative Wirkung hat, als das gedankliche Wiederholen von Begriffen, Gebeten oder eindeutigen Aussagen, an denen man bewusst hängen bleibt und nicht die Tiefe oder Höhe des Unbewussten erreicht. Luther soll vor seinem Tod unruhig und nervös mit Gebeten gerungen haben, mit einem *Formel-Wort* – hätte er gewusst, was das ist und wie es funktioniert – wäre dies nicht notwendig gewesen. Denn wer spricht denn diese irrationalen, jenseitigen, zerhackten Formulierungen, man selbst oder bereits der Tod, noch das Ich oder der *Andere*? Ein E N S C I S N O

---

[77] Texte wie ‚Die körperlich kranke Seele I' und/oder ‚Psychoanalyse / Meditation' können unter >analytic-psychocathar-sis.com< kostenfrei heruntergeladen werden. Ein Kontakt zum Autor kann unter g.vonhummel@web.de nachgefragt werden.

M oder I S N O M E N S, egal von wo aus man es liest, sagt nichts von dem, was es weiß, aber es hat trotzdem Sprach-Gewebe, nicht Syntax, sondern noch davor liegendes Signifikantes, Algorithmisches.

Mit dem Schwung der Katharsis kommt (wie gesagt manchmal schon unmittelbar) der wichtige Effekt zustande, dass der B(r)uchstabenmix der *Formel-Worte* durch die ‚défilés du signifiant' (die Engführungen des Signifikanten) hindurchgetrieben wird und die *Pass-Worte* erzeugt.[78] Die *Formel-Worte* sind also rein **formale** Ausdrücke, die es in der üblichen Sprache so nicht gibt. So ist auch das hier nebenan abgebildete RA-DIC-IT kein normales Wort aus dem Lateinischen, aber es beinhaltet mehrere sich überschneidende Bedeutungen in einer Formulierung, es ist „linguistisch kristallin" aufgebaut (ein Ausdruck, den Lacan für die Struktur des Unbewussten verwendete).

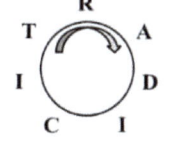

Außer dem radiat und dicit (*Strahlt* und *Spricht*) ergeben sich im Kreis geschrieben und von verschiedenen Buchstaben aus gelesen mehrere unterschiedliche Bedeutun-

---

[78] Oudee Dünkelsbühler, U., Zeugnis und Schrift: B(r)uchstaben an der Couch, Les Etats Généraux de la Psychanalyse (2001), worin der Autor die elementarsten Schnitt- und Bruchstellen im psychoanalytischen Prozess meint, wie sie sich im Traum, bei Versprechern aber auch bei den *Formel-Worten* als Bedeutung haben.

gen. So können wir hier z. B. auch „adi cit r" (geh heran, es bewegt R) „C i tradi" (hundert I übergeben), „citra di" (diesseits die Götter), „dicit ra" (es sagt ra), „r adic it" (füge r hinzu, es geht), „radi cit" (gekratzt werden, es bewegt sich), „trad ici" (erzähle, ich habe getroffen) etc. herauslesen, wobei vieles recht unsinnig klingt. Dies hat jedoch für den formalen Ausdruck keinerlei Bedeutung. Ausschlaggebend ist hier nur, die wissenschaftliche Begründung (mehrere Bedeutungen in einer Formulierung, Verwendung mehrerer Schnittstellen) klar darlegen zu können, und dies ist für das Verfahren sehr wichtig, weil man nur so volles Vertrauen in die Methode haben kann. Vertrauen in einen Therapeuten allein genügt nicht, es muss durch klares Wissen gestützt sein.

Nochmals also: es ist in bequemer Sitzhaltung und anfänglich bei geschlossenen oder halb geöffneten Augen ohne eigene Anstrengungen auf das *Strahlt* (‚Scheint‘, ‚Durchrieselt‘, ‚Luzidität‘) zu achten, während gleichzeitig langsam, monoton und rein gedanklich ein oder mehrere *Formel-Worte* hintereinander in Abständen und immer wieder neu wiederholt werden. Dies ist die erste Übung, die auf tatsächlichen Vorgaben der Psychoanalyse beruht, weil durch das mentale Reverberieren eine Regression (ein innerlicher Rückzug zu früheren psychischen Strukturen) erzeugt wird, die sich gleichzeitig nur auf einen eingeengten Aspekt des Erscheinungs-Wirkenden, bzw. des Schau-triebs konzentriert und durch die *Formel-Worte* stabil gehalten wird.

Die *Formel-Wort*-Wiederholung setzt sich nämlich an die Stelle dessen, was man in der Psychoanalyse den Wiederholungszwang, das unbewusste Wiederholen nennt. Dieses negative, unbewusste Wiederholen wird zumindest solange aufgehoben, wie die Übungen der *Analytischen Psychokatharsis* wirken. Ich habe schon im Haupttext angedeutet, dass dadurch eine wesentliche Hürde der klassischen Psychoanalyse vereinfacht und vermindert wird, da der Wiederholungszwang ein tief verankerter seelischer Abwehrmechanismus ist. Durch den Wiederholungsvorgang beim Üben der *Formel-Worte* wird dieses Geschehen jedoch in einen konstruktiven, progressiven Vorgang umgewandelt. Gefühle eines sich stark weitenden Raumes, das Auftauchen von Erinnerungsbildern führen manchmal zu Ablenkungen, die aber einer weiteren Betrachtung nicht wert sind, sondern von denen nur deren Luzidität genossen werden kann, die sich in der Horizontalen ausbreitet.

Der Philosoph P. Sloterdijk sprach diesbezüglich von ,Sphären',[79] die wieder an Lacans Topologien und ebenso dessen Sphäre erinnern, ein Begriff, mit dem er das Erscheinungs-Wirkende beschrieb.[80] Doch Sloterdijks Sphären kennen die Senkrechte nicht. Wenn es zu einer Katharsis kommt, zu einer Befreiungserfahrung und stärkeren Loslösung vom Körper, gerät man oft von selbst in die zweite Übung, in der man einen Ton, Klang, eine

---

[79] Sloterdijk, P., Sphären I – III, Suhrkamp (1998 bis 2004)
[80] Lacan, J., Seminar IX, Lektion von 23. 5. 1962

Silbe oder Kurzsatz von rechts oben im Kopf und wie von ferne her hörend wahrnimmt, was ich sogleich extra besprechen will. Kommt es nur zu einer simplen Entspannung, muss man – zum Beispiel nach zwanzig Minuten – einfach so in die zweite Übung von sich aus wechseln und sich auf den inneren Ton konzentrieren.

Nach dem R-A-D-I-C-I-T kann nun (weiterhin in der ersten Übung) auch O-R-S-A-C-E-R-A-M hinzugenommen werden, um dem Verfahren für einen ersten Versuch drei *Formel-* 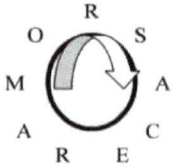 *Worte* zur Verfügung zu stellen (das erste ist samt seiner in ihm enthaltenen Bedeutungen auf Seite 157 dargestellt und beschrieben). In dem obigen *Formel-Wort* stecken folgende Bedeutungen: C eram orsa (hundertfach war ich Beginnen, amo R sacer (ich liebe das heilige R), cera morsa (das zerstückelte Wachs), mors acer (der Tod ist bitter), amor sacer (die Liebe ist heilig) usw. Wie betont, kann man diese Bedeutungen gleich wieder vergessen. Wichtig ist nur zu verstehen, wie die *Formel-Worte* aufgebaut sind, so dass man wissenschaftlich-intellektuell das Verfahren jeder Zeit hinterfragen kann. Kommen irgendwelche Gefühle oder Ideen hoch, die unpassend sind oder Angst machen, kann man nachdenken oder sich weiter über das Verfahren belesen. Blinder Glaube ist nicht gefragt.[81]

---

[81] Damit sind in diesem Buch drei *Formel-Worte* vermittelt, die zum Üben genügen. Eine Verbesserung kann man mit zwei

Wie im Text geschrieben sollte auf die **zweite Übung** übergegangen werden, wenn die Erfahrung des Es *Strahlt* und der Katharsis genügend ausgeprägt ist, es sei denn es ist schon – wie erwähnt – von selbst ein Übergang erfolgt. Gerade dieser spontane Übergang zeigt, dass es außer dem grundlegenden Dualismus des Erscheinungs- und Wort-Wirkenden nichts gibt, das Geltung hat, d. h. man kann in den Übungen nicht verloren gehen, da die *Formel-Worte* – solange man ihnen folgt – keinen anderen Ausweg zulassen. Mit dem zündenden kathartischen Es *Strahlt* gelingt im Unbewussten stets konkret der Wechsel (durch die ‚défilés du signifiant‘ hindurch) von der mehr bildhaften auf die mehr wortbezogene Seite. Dort ist nunmehr auf genau dieses Es *Spricht*, diese Kör-per-Echos, also auf ein von oben / rechts im Kopf her-kommendes Verlauten, auf einen ‚Ton‘ aus dem tiefen Inneren zu konzentrieren. Allein schon der ‚Ton‘ errichtet einen Halt in der Vertikalen. Sloterdijk schrieb nur von der ‚Vertikalspannung‘, über die er sich fast etwas lustig machte, weil er nichts damit anzufangen wusste, weil sie ihm mythisch vorkam und er nur die Sozialhorizontale kennt.[82]

Doch es gibt diese Vertikale tatsächlich, sie entspricht einer Lotung, Haltung, Festigung, in einer unverrückba-ren Zeit, die ich bereits mit der Geschlechterfolge be-

weiteren zusätzlichen *Formel-Worten* erreichen, die auf der Webseite analytic-psychocatharsis.com angegeben sind.
[124] Sloterdijk, P., Du musst dein Leben ändern, Suhrkamp (2009)

schrieben habe. Dagegen steht die Horizontale mehr für die übliche, fortschreitende Zeit, die mal langsamer (in der Langeweile) und mal schneller (in der Kurzweil) verlaufen kann. Auch Lacan beschreibt diese Zeitmetren. Das in der Horizontalen Verlaufende bezieht er auf die Spiegelungserfahrungen, auf das i(**a**), Bild des Begehrens-Objekts, während das Zeitmetrum in der Vertikalen das der Signifikanten, das Es *Spricht* ist, wie ich es mit dem *A* des *Anderen* bereits erwähnt habe. Deswegen kommen auch die *Pass-Worte* von oben, während die Katharsis, das atavistische Durchrieseln sich im Nacken-Rückenbereich abspielt, was ich vom Seitlichen her kommend nenne.

Es sind schließlich Buchstaben (B(r)uchstaben), die aus diesem ‚typographischen' Raum herausklingen und die das Unbewusste dort gespeichert hält. Und genau in diesen Raum sind die *Formel-Worte* eingedrungen und haben diese Buchstaben geweckt und evoziert. Auch hier wieder gilt das Gleiche: es handelt sich um einen ganz originären Aspekt des Entäußerungs- bzw. Sprechtriebes, der in jedem Menschen als Primärprozess vorhanden ist und im Unbewussten sogar die Form ganz knapper, kompakter „innerer Sätze", „ultrareduzierter Phrasen" annimmt (alles Begriffe Lacans für diese lautliche Erfahrung). Auch hier können anfänglich nur ein feines Rauschen, ein ferner Laut oder Ähnliches wahrgenommen werden, der Übende wird jedoch von Anfang an bemerken, dass es sich hier um eine Konzentration auf ein mehr oben-rechts oder oben-zentral im Kopf befindliches Hör-Sprechsystem handelt, zu dem die ‚Echos des Körpers‘ Beziehung haben, auf die hier zurückgegriffen wird.[83]

Ich bin im Text vielfach darauf eingegangen, zu welchen mehr analytischen und damit auch weniger kathartischen Effekten diese zweite Übung führt. Es bleibt nicht beim einfachen Hören und Erfahren von inneren Lautphänomenen, sondern von Buchstabenfolgen bis hin zu kurzen Sätzen. Solche – von Lacan auch als „ultrareduzierte Phrasen“ beschriebene Kurssätze nenne ich *Pass-Worte*, Identitätsworte, weil sie direkt aus dem Unbewussten kommend natürlich mit der Identität des Übenden zu tun haben. Identität in dem Sinne, dass nunmehr speziell Verdrängtes, psychisch Abgespaltenes zur Wirkung kommt, so wie es im Freud'schen Versprecher auch der Fall ist, wo sich ein verdrängtes Wort vordrängt und in ein bewusst ausgesprochenes Wort hineingezwängt hat, die typische Funktion des in der Psychoanalyse im Zentrum stehenden Begehrens.

Während man aber beim Versprecher und auch beim Traum versuchen muss, das verdrängte Wort durch Deutung herauszufinden, ist es im *Pass-Wort* gleich mit enthalten. Eine gewisse deutende Einordnung ins bewusste psychische Leben ist oft trotzdem nötig. Beispiele von

---

[83] Auch wenn das eigentliche Hör-Sprechsystem im Kopf linksseitig angelegt ist, ist eben rechtsseitig das mehr rudimentäre, musikalische, das prosodische und der Regression besser zugängliche Hör-Sprechsystem vorhanden.

Pass-Worten habe ich im Text geschildert. Jeder muss hier selber ausprobieren, was er als *Pass-Wort* anerkennen kann. Manchmal ist es nämlich so, dass man erst fast im Nachhinein, in der Endphase der *Pass-Wort*-Erfahrung, des Phrase-Hörens, den Kurzsatz wahrnimmt. Manchmal scheint es ein sehr, sehr leiser Gedanke zu sein, der aber dennoch klar oder ziemlich klar ist. Ich muss mich hier so diffus ausdrücken, trotzdem besteht an dem Phänomen kein Zweifel und zwar sowohl von der psychoanalytischen Theorie her wie auch von den zahlreichen Erfahrungen, die ich bisher sammeln konnte.

Gleichzeitig betone ich erneut, dass beim Deuten der *Pass-Worte* – falls diese nicht von vornherein eindeutig sind – in beiden Richtungen geprüft werden sollte: hat es etwas mit dem Kausalen eines verdrängten Begehrens zu tun oder mit dem Finalen von etwas Kreativem. Oft gilt beides gleichermaßen, wie ich an den Beispielen im Text gezeigt habe. Ganz unverständliche *Pass-Worte* sollte man jedoch gleich verwerfen. Stets kann man bei jemanden, der Erfahrung mit der Methode hat, bei mir (g.vonhummel@web.de) oder einem entsprechenden Therapeuten nachfragen oder nachlesen, wie man mit den *Pass-Worten* am besten umgeht.

Nochmals also: Nach der ersten Übung, dem gedanklichen Wiederholen mehrerer *Formel-Worte* bei gleichzeitigem darauf achten, ob man ein *Strahlt*, eine Luzidität, ein ‚Durchrieseln‘, eine befreiende, kathartische Erfahrung, wahrnimmt, geht man – evtl. nach zwanzig Minuten

– zur zweiten Übung über. Hierbei konzentriert man sich auf den Laut, den Ton, das *Spricht* von oben oder rechts innen her. Bemerkt man, dass der *Strahlt*-Anteil beim Üben zu stark ausfällt, wechselt man zur *Spricht*-Übung und umgekehrt. Beide Übungen sind beliebig lange durchzuführen, wie gesagt genügen meist zwei mal zwanzig Minuten. Der Wechsel von praktischer Erfahrung und theoretischem Denken ist wichtig, weil am Ende etwas Gemeinsames herauskommen wird: eine gedankliche Selbsterfahrung, eine praktische Logik, eine kathartische Analyse. Letztendlich finden beide Übungen zu einem inneren ‚Auftrag‘, einer Gewissheit, evtl. auch am Verfahren selbst weiter mitwirken zu können.

Nicht immer läuft alles glatt. Die erste Übung ist noch am einfachsten, beim Wahrnehmen einer Luzidität trotz geschlossener Augen genügt schon allein das darauf achten bei gleichzeitigem Wiederholen der *Formel-Worte*, dass sich über kurz oder lang eine ausreichende Katharsis einstellt. Schwierigkeit machen kann eher die zweite Übung oder auch das spontane Auftreten der Erfahrung des inneren ‚Tons‘, des inneren Hörens sein, das aus einem unbewussten Gedanken, einem *Pass-Wort* bestehen kann, wobei ich nochmals betonen muss, dass bereits das mentale Wiederholen der *Formel-Worte* ein unbewusstes Gespräch ist. Denn wer spricht in diesen Momenten, wenn nicht die Formulierung selbst, die automatisch aus der mangelnden Syntax heraus zu einer eben ganzheitlichen syntaktischen Formulierung führt, zum Pass-Wort.

Und so geht es um eine Wissenschaft v o m Subjekt, an der jeder teilnehmen kann. Schon Freud hatte sich dafür ausgesprochen, dass die Psychoanalyse auch von Laien erlernt und ausgeübt werden kann. Das Übergewicht von Akademikern, insbesondere von Ärzten hat diese Anregungen des eigenen Gründervaters Freud nicht ernst genommen. Universitäre, scholastische Strebungen beherrschen daher von Anfang an die Psychoanalyse, die ja auch für die *Analytische Psychokatharsis* wichtig ist. Aber hier behindert nicht ein System von Klüngel Vereinen und hierarchisch gestaffelten Organisation den persönlichen Fortschritt. Wie Lacan, der seine eigene Organisation am Ende seines Lebens aufgelöst hat, damit nichts zu stark Institutionelles Vorrang vor freier Mitarbeit gewinnt, habe ich bisher hinsichtlich der *Analytischen Psychokatharsis* keine Organisation und keinen Verein gegründet.

Ich hoffe, dass dies auch nicht nötig ist. Wer die *Analytische Psychokatharsis* ausgeübt und ihre Wirkung erfahren hat, weiß, mit was er es zu tun hat und wie er es notfalls auch anderen vermitteln kann. Die Grundlagen sind in zahlreichen Büchern von mir, in psychoanalytischer Literatur und auch in soliden, wenn auch nicht wissenschaftlich korrekten, so doch seriösen Texten über die Anwendung von meditativen Verfahren beschrieben. Davon unbeachtet bleibt natürlich der Kern der *Analytischen Psychokatharsis* weisungsbestimmend.

Dieser Kern besteht vor allem – wie im Haupttext mehrmals betont – in der Verbindung des Erscheinungs- und Wort-Wirkenden in den zwei grundlegenden Übungen, wobei diese Verbindung nur gelingt, wenn man verstanden und erfahren hat, dass durch die Katharsis der ersten Übung die Kraft, die Höhe, die Intensität geschaffen wird, die in der zweiten Übung dazu führt, dass das Unbewusste die entsprechenden *Pass-Worte* frei gibt. Etwas Derartiges existiert in der herkömmlichen Psychoanalyse und in allen Meditationsverfahren nicht. In der Psychoanalyse gelingt es deswegen nicht, weil die Psychoanalytiker eine Masse an gleichwertigen Ichidealen bilden, die die Patienten auch als ihr Ich-Ideal übernehmen, so dass man sich in gegenseitigen Übertragungen festsetzt, die ja eigentlich aufgelöst werden müssten.[84]

In den Meditationen findet ein ähnlicher Vorgang statt: der Lehrer, Guru, wird sofort durch einen Nachfolger ersetzt, so wie die Kirche es mit dem Papst handhabt. Die Übertragung, die mit der Unterstellung einhergeht, dass der Lehrer, Meister, Guru hypothetische Fähigkeiten besitzt, wird nicht aufgelöst. Alle diese Persönlichkeiten in Psychoanalyse und Meditation müssen sich aus der Beziehung herauslösen, sich mit ihrem Ich-Ideal endgültig aus dem Spiel bringen, vor allem auch der Betroffene Proband selbst – ganz analog dazu – die Übertragung auflösen muss. Doch innerhalb all dieser Communities, ja fast Geheimbünden, gelingt dies nicht zur Genüge, und in

---

[84] Lacan, J., Seminar VIII, Passagen Verlag (2008) S. 407

Religion, Meditation und ähnlichen Verfahren wird darauf überhaupt nicht geachtet.

Der Einzelne ist gefragt, nur er kann, freilich mit zur Verfügung gestellten, wissenschaftlich rein f o r m a l e n Grundlagen, die Übertragung bearbeiten (mittels der *Formel-Worte*) und eine Lösung (mittels der *Pass-Worte*) erreichen. Ich halte das für die derzeit beste Möglichkeit die Wissenschaft, vor allem die Wissenschaft v o m Subjekt weiter voran zu bringen, woran jeder selbst mitarbeiten kann. Will man das Verfahren anderen vermitteln ist nicht unbedingt ein Ausbildungsverfahren notwendig. Wie gesagt führt dies nur zu unnötigen Hierarchie-Bildungen. Sicher ist es gut und zweckmäßig, wenn man selbst zum Vermittler der Methode werden will, wenigstens ein Jahr Erfahrung damit und etwa vierzig Stunden an psychoanalytischen Einzel- oder Gruppensitzungen teilgenommen zu haben

Literaturverzeichnis

Appleton, T., Warum verschwanden die Neandertaler, Heyne (1999)

Baggini, J., Ich denke, also will ich, dtv (2016)

Barkhaus, A., Mayer, M., Identität, Leiblichkeit, Normativität, Suhrkamp (1996)

Bauriedl, T., Beziehungsanalyse, Suhrkamp (1993)

Benthien, C., Wulf, Ch., Körperteile, Rowohlt (2001)

Bezzel, C., Wittgenstein, Junius (1996)

Brenman, E., Vom Wiederfinden des guten Objekts, frommann-holzboog (2014)

Breuer, R., Immer Ärger mit dem Urknall, Rowohlt (1993)

Bischof, M., Biophotonen, Zweitausendeins (1995)

Brockman, J., Vogel, S., Wie funktioniert die Welt?, Fischer Taschenbuch (2013)

Bronner, G., Kognitive Apokalypse, C. H. Beck (2022)

Byung-Chul Han, Die Austreibung des Anderen, Fischer Wissenschaft (201)

Byung-Chul Han, Die Errettung des Schönen, Fischer Wissenschaft (201)

Camus, A., Der Mensch in der Revolte, Rowohlt (1997)

Camus, A., Der Mythos des Sisyphos, Rowohlt (2000)

Carnap, R., Einführung in die Philosophie der Naturwissenschaft (1969)

Damasio, A. R., Descartes` Irrtum, dtv (1997)

Davies, P., Gott und die moderne Physik, Bert. M. (1986)

Eccles, J. C., Gehirn und Seele, Piper (1987)

Eichmeier, J., Höfer, O., Endogene Bildmuster, U&S – Verlag (1974)

Eribon, D., Rückkehr nach Reims, ed suhrkamp (2016)

Fischer-Lichte, E., Performativität: Eine Einführung, transcript (2012)

Fölsing, A., Albert Einstein, Suhrkamp (1995)

Freud, S., Studienausgabe, Fischer (1989)

Goel, B. S. Meditation und Psychoanalyse, Ariston (1989)

Görz, G., Einführung in die künstliche Intelligenz, Addison-Wesley (1996)

Goldman, L. R., The Anthropology of Cannibalism, B&G (1999)

Heidegger, M., Unterwegs zur Sprache, G. Neske (1959)

Hilbrecht, H., Meditation und Gehirn, Schattauer (2010)

Hofstadter, D., Die Fargonauten, Klett-Cotta (1996)

Hofstadter, D., Die Analogie, Klett-Cotta (2014)

Horgan, J., An den Grenzen des Wissens, Luchterhand (1997)

Jacobs, A., Schrott, R., Gehirn und Gedicht, Hanser (2011

Jakobson, R., Semiotik, Suhrkamp (1988)

Jakobson, R., On Language, Harvard University Press (1995)

Jung. C. G., Gesammelte Werke, Walter (1983)

Kant, I., Kritik der reinen Vernunft, Reclam (1966)

Kant, I., Kritik der praktischen Vernunft, Suhrkamp (1974)

Kluge, F., Etymologisches Wörterbuch, W. de Gruyter (1989)

Köhler-Weisker, A., Gespräche unter dem Mopanebaum, Psychosozial-Verlag (2015)

Lacan, J., Schriften I - III, Walter, (1975)

Lacan, J., Seminare I,I, VII, XI, XX, Quadriga (1980-1995)

Lacan, J., Seminaire Nr. III, Iv, VIII, XVII, Edition Seuil (1981-1994)

Lacan, J., Die Bildungen des Unbewussten, Turia & Kant (2006)

Lacan, J., Mitschriften der Seminare VI,IX,X,XII,XV, B.R.L.F., Strasbourg

Langereis, S., Erasmus, Propyläen (2021)

Laplanche, J., Pontalis, J. B., Das Vokabular Der Psychoanalyse, Suhrkamp (1989)

Leakey, R., Die ersten Spuren, Goldmann (1999)

Lenzen, M., Der elektronische Spiegel, C. H. Beck (2023)

Linke, D., Kunst und Gehirn, Rowohlt (2001)

Maar, C., Pöppel, E., Christaller, T., Die Technik auf dem Weg zur Seele, Rowohlt (1996)

Meckel, M., Steinacker, L., Alles überall auf einmal, Rowohlt (2024)

Merleau-Ponty, M., Das Sichtbare und das Unsichtbare, Fink Verlag (1994)

Morgenthaler, F., Gespräche am sterbenden Fluß, Fischer (1986)

Pinker, S., Der Sprachinstinkt, Kindler (1996)

Plato, Sämtliche Werke, Insel Verlag (1991)

Popper, K. R., Eccles, J. C., Das Ich und sein Gehirn, Piper (1989)

Potthoff, P., Die Begegnung der Subjekte, Psychosozial-Verlag (2014)

Radisch, I, Camus, Rowohlt (2013)

Roazen, D., Der innere Sinn, Archäologie eines Gefühls, Fischer (2012)

Roheim, G., Die Panik der Götter, Kindler (1975)

Rosset, C., Das Reale in seiner Einzigartigkeit, Merve (2000)

Rüdinger, D., Perrez, M., Anthropologische Aspekte der Psychologie, O. Müller (1979)

Rudgley, R., Abenteuer Steinzeit, Kremaye & Scheriau (2001)

Schmidt-Hellerau, C., Lebenstrieb & Todestrieb, Libido & Lethe, Verlag Intern. Psychoanalyse (1995)

Schmitz, R. W., Thissen, J., Neandertal, Spectrum (2000)

Searle, J. R., Geist, Hirn und Wissenschaft, Suhrkamp (1992)

Seidler, G. H., Der Blick des Anderen, Verlag Intern, Psychoanalyse (1995)

Sinz, R., Gehirn und Gedächtnis, Fischer Utb (1981)

Sloterdijk, P., Du musst dein Leben ändern, Suhrkamp (2009)

Spielrein, S., Sämtliche Schriften, Kore (1987)

Strowik, E., Sprechende Körper, Fink-Verlag (2009)

Sunday, P. R., Divine Hunger, Cambr. Univ. Press (1986)
Thompson, R. F., Das Gehirn, Spectrum (1994)

Thorne, K. S., Gekrümmter Raum und Verbogene Zeit, Knaur (1996)

Tipler, F. J., Über die Omegapunkttheorie, Piper (1994)

Uexküll, Th., Fuchs, M., Subjektive Anatomie, Schattauer (1994)

Weiss, Der Andere in der Übertragung, Frommann-Holzboog, (1988)

Weizsäcker, C. F. von, Die Einheit der Natur, dtv (1995)

Weinberg, S., Der Traum von der Einheit des Universums, Bertelsmann (1993)

Weizenbaum, J., Die Macht der Computer, Stw (1977)

Wiener, O., Probleme der Künstlichen Intelligenz, Merve (1990)

Wilhelm, R., Informatik, C.H.Beck (1996)

Wilson, E. O., Der Wert der Vielfalt, Piper (1999)

Wolf, F. A., Die Physik der Träume, Byblos (1996)

Wygotski, L. S., Denken und 'Sprechen', Fischer (1981)

Weitere Bücher des Autors im MSC-Verlag

Analytische Psychokatharsis

Psychoanalytische Theorie und kathartische Meditation können nicht einfach ineinander überführt werden. Setzt man beide Verfahren aber durch ein entscheidendes Element (einen „linguistischen Kristall") in Beziehung, lässt sich ein eigenes neues Verfahren begründen. Die Psychoanalyse und die meditativen Methoden werden diskutiert, und die Praxis des eigenen Verfahrens wird ausführlich beschrieben.

SIGNIFIKANT Gott?

Schon die unterschiedliche Groß- Kleinschreibung provoziert, dass der SIGNIFIKANT (Bezeichner, Bedeutender), ein Begriff aus der Linguistik, wichtiger sein könnte, als die altehrwürdige Vokabel Gott. Der Autor zeigt, dass Jesus ein Vorläufer der modernen Psychotherapie war und somit sein Vorgehen auch für die heutige Psychoanalyse genutzt werden kann.

Der Andere des Wortes und das Andere der Sterne verweist auf die Doppelstruktur des Unbewussten. Doch wie bringt man diese beiden in eine geeignete Kombination, so dass sie sich für ein psychoanalytisch - meditatives Verfahren eignen, das jeder Einzelne für sich selbst erlernen kann. Über Physik, Theologie, Kognition und andere Wissenschaften liefert das Buch eine Anleitung

Yoga und Psychoanalyse

An Hand einer wissenschaftlichen Biographie des Religionswissenschaftlers und Yogalehrers Kirpal Singh (Surat Shabd Yoga) werden alle Yogaformen von der Seite der Psychoanalyse her betrachtet. Es ergibt sich die Notwendigkeit ein eigenes Verfahren zu begründen, das der Autor auch *Analytische Psychokatharsis* nennt. Zahlreiche Bilder und Schemata machen das Buch anschaulich.

Wissenschaftlich begründet meditieren. Die klassische Methode der Analyse des Unbewussten stellt eine zu theoretische Form der Psychotherapie dar. Um in der Praxis mehr Erfolg zu haben bedarf es eines direkteren selbstanalytischen Verfahrens, das jeder aus sich selbst heraus entwickeln kann. Formulierungen, die in einem einzigen Schriftzug mehrere Bedeutungen enthalten, können das Unbewusste jedes Einzelnen durch mentales Üben aufbrechen und zu sich selbst befreien.

‚teetrunken' Ausgangspunkt des Buches stellt die Lehre des Psychoanalytikers O. Graf Wittgenstein dar, der davon ausging, dass der Mensch in sich drei Teile birgt, die er nur verschiedentlich zu einer Einheit bzw. einheitlichen Persönlichkeit verbinden kann. Die letztliche und ideale Einheit nennt er den 'Trialog'. Anhand der Schilderung mehrerer Bergbesteigungen durchstreift der Autor alle möglichen kulturellen und psychologischen Fragestellungen, um im Endeffekt den 'Trialog' durch das Wandern, Meditieren und intellektuelle Verarbeiten zu erreichen.

Liste anderer Werke des Autors im MCS-Verlag

Herz-Sprache, Eine Psychoanalyse des Herzens

Politik / Therapie, Begreifen, was man schon weiß - wie Politik therapeutisch zu denken wäre

Das autochthone Genießen, Essays zu einem neuen selbstanalytischen Verfahren

Zweimal den Tod überlisten, Ein Traktat zu Sisyphos, und wie man das Sterben heute meistert

Siddharthas Wiederkehr, Ein wissenschaftlicher Roman – eine Anregung zur Selbsttherapie

Nach Lacan, Über Physik, Psychoanalyse und die Metapher des Genießens – eine Selbstpraxis

interhot, Gespräche mit dem Unbewussten

Das Gerade und das Gekrümmte, Die Behandlung einer Psychose

Die Mathematik des Eros, Die ‚perfektoiden Räume' des Unbewussten – eine Selbstpraxis

Die körperlich kranke Seele, Eine Broschüre zu Theorie und Praxis der *Analytischen Psychokatharsis*

Psychoanalyse / Meditation, Vergleich und Anleitung

Jesus und die Frauen, Wege von damals und heute zur selbstanalytischen Praxis

Nachts im Notdienst fahren, ärztliche und psychologische Reflexionen

Verinnerlicht Euch! Anleitung zu einer Revolte des Selbst